A Ética nos Grupos
Contribuição do Psicodrama

Dados Internacionais de Catalogação na Publicação (CIP)
(Câmara Brasileira do Livro, SP, Brasil)

A ética nos grupos : contribuição do psicodrama / prefácio de Pierre Weil. — São Paulo : Ágora, 2002.

Vários autores.
Bibliografia.
ISBN 85-7183-805-4

1. Ética 2. Psicodrama 3. Psicodrama – Aspectos morais e éticos I. Weil, Pierre.

01-6342   CDD-150.198

Índices para catálogo sistemático:
1. Ética e psicodrama : Método psicanalítico :
   Psicologia   150.198
2. Psicodrama e ética : Método psicanalítico :
   Psicologia   150.198

Compre em lugar de fotocopiar.
Cada real que você dá por um livro recompensa seus autores
e os convida a produzir mais sobre o tema;
incentiva seus editores a encomendar, traduzir e publicar
outras obras sobre o assunto;
e paga aos livreiros por estocar e levar até você livros
para a sua informação e o seu entretenimento.
Cada real que você dá pela fotocópia não autorizada de um livro
financia o crime
e ajuda a matar a produção intelectual de seu país.

A Ética nos Grupos

Contribuição do Psicodrama

Prefácio de Pierre Weil

Antonio Carlos Cesarino
Anibal Mezher
Camila Salles Gonçalves
Débora Diniz
Marília J. Marino
Valéria Cristina de Albuquerque Brito
Wilson Castello de Almeida

ÁGORA

A ÉTICA NOS GRUPOS
Contribuição do psicodrama
Copyright © 2001 by Febrap (Federação brasileira de psicodrama)

Capa:
BVDA – Brasil Verde

Editoração e fotolitos:
JOIN Bureau de Editoração

Proibida a reprodução total ou parcial
deste livro, por qualquer meio e sistema,
sem o prévio consentimento da Editora.

Todos os direitos reservados pela
   Editora Ágora Ltda.

   Rua Itapicuru, 613 – cj. 72
   05006-000 – São Paulo, SP
   Telefone: (11) 3872-3322   Fax: (11) 3872-7476
   http://www.editoraagora.com.br
   e-mail: editora@editoraagora.com.br

Sumário

Prefácio
    Pierre Weil 7

Apresentação
    Wilson Castello de Almeida 9

1   Reflexões iniciais sobre os conceitos de ética e moral . . . 15
    Valéria Cristina de Albuquerque Brito

2   Bioética: um novo conceito 29
    Débora Diniz

3   A ética do singular universal no psicodrama
    e na psicoterapia de grupo 41
    Camila Salles Gonçalves

4   Três éticas no pensamento e na ação de J. L. Moreno . . . 67
    Wilson Castello de Almeida

5   A questão do sigilo nos grupos psicodramáticos 79
    Antonio Carlos Cesarino

6   A abordagem dos valores ético-culturais
    pelo axiodrama 95
    Anibal Mezher

7   Ética, cidadania e educação –
    Um trabalho sociodramático 125
    Marília J. Marino

Declaração universal dos direitos humanos 163

Sobre os autores 171

Prefácio

Ética no psicodrama e contribuições do psicodrama para uma ética de vida são assuntos intimamente relacionados com a teoria de Moreno.

Avesso a tudo o que é fixo, rotineiro, burocrático e sem vida, Moreno criou o psicodrama justamente para desbloquear os aspectos normóticos e reificados da nossa cultura; seu objetivo era dissolver o que ele chamava de conservas culturais.

Ora, a moral convencional é um conjunto de normas e valores rígidos, codificados, como os dez mandamentos. Por isso mesmo a ética emanada do psicodrama não pode ser o que chamei, em meu livro *A nova ética*, de ética moralista. A ética do psicodrama tem de ser uma ética da espontaneidade, tão valorizada por Moreno, uma Ética do Coração, ou seja, aquela que faz uma mãe sair em disparada se enxergar seu filho correndo o risco de passar debaixo de um carro; ela não vai primeiro consultar a lei de Moisés.

Isso explica, por si só, a preferência dos autores do presente livro pelo termo Ética em relação ao termo Moral.

A prática do psicodrama, seja pelo protagonista seja pelo psicodramatista, leva ao despertar e ao cultivo desta ética espontânea. O constante exercício da inversão de papéis obriga-os a cultivar o diálogo com empatia, em que é preciso compreender profundamente o outro, "ver pelos seus olhos", conforme um famoso poema de Moreno. Ao fazê-lo, está-se colocando o amor e a compaixão em ação. De outro lado, estimular a espontaneidade, como o faz o psicodrama, consiste em desbloquear os verdadeiros sentimentos, as sinceras opiniões, as verdadeiras situações intra e interpessoais; em outras palavras, está-se estimulando a expressão da verdade. A Verdade dita com amor e o amor verdadeiro, não serão estes os valores éticos essenciais?

Haveria muito ainda a dizer, mais em especial sobre o axiodrama que Moreno criou justamente para a expressão psicodramática dos valores, ou sobre a ética na prática do psicodrama. Mas aí eu estária fazendo as vezes dos autores desta obra, mais particularmente: Valéria Brito, Débora Diniz, Camila Salles Gonçalves, Wilson Castello de Almeida, Antonio Carlos Cesarino, Anibal Mezher e Marília Marino.

Todos tratam esse assunto com a maestria da experiência adquirida em longos anos de prática do psicodrama e de estudos da sua teoria.

Só me resta agora desejar um bom proveito para os leitores, educadores, terapeutas e, evidentemente, psicodramatistas na leitura da presente obra.

Pierre Weil

Apresentação

Em termos da legislação brasileira, os psicodramatistas, no exercício de seu ofício, respondem, pela excelência da tarefa, perante os respectivos Conselhos: Conselho de Psicologia para os psicólogos, Conselho de Educação para os educadores, Conselho de Medicina para os médico-psiquiatras, e assim por diante. A esses verdadeiros tribunais, chamados com impropriedade de "conselhos de ética", cabe normatizar, legislar, julgar, orientar e penalizar os seus afiliados, quando estes são responsáveis por atos transversais e transgressores, na área de sua atividade. Os eventuais deslizes no comportamento profissional serão, pois, tratados nessas instâncias e, quando não, diante da própria Justiça do país. Esses são aspectos legais que ritualizam a entrada do jovem cidadão no mundo do trabalho e constituem o seu primeiro contato com o tema da ética, iniciando-o no comércio da vida, que exige dos que trabalham deveres de consciência, estudados e praticados sob a égide da deontologia.

Neste livro, entretanto, falaremos da ética como uma práxis, além da formalidade dos códigos, no entendimento de que as entidades formadoras de psicodramatistas têm primazia e competência não só no preparo teórico e prático, mas, obrigatoriamente, no aprimoramento de seus alunos no que diz respeito aos valores humanos e aos princípios de uma sociedade justa, a começar pela sua filiação nos Conselhos da categoria.

Antes de avançarmos nesta apresentação, gostaria de explicar ao leitor por que os autores do livro dão realce ao conceito de

Ética, e o próprio título aponta para esse norte, deixando em plano menor o conceito de Moral, referido mais raramente. A moral se pauta pela reflexão filosófica, individual, introspectiva, e se deixa guiar, ao longo dos tempos, pelas ideologias culturais, políticas e religiosas que a inspiram. A versão ou a interpretação piegas que impregnou sua conotação pode identificá-la, justa ou injustamente, com o moralismo. A ética, ao contrário, refere-se à ação, às relações humanas e à participação política dos indivíduos nos pequenos e grandes grupos sociais. Ela é o campo de busca da verdade ou das verdades dos acontecimentos humanos. A ética nos grupos descarta a receita prévia de normas de conduta e cria condições para que o próprio grupo decida as razões de sua sobrevivência, construindo o seu caminho pela combinação do desejo individual com as práticas sociais. Nesse sentido afasta-se da moral filosófica, escolástica, de valores idealizados, e aproxima-se do patamar identificado com o exercício dialógico da inversão de papéis.

Como diretores das ações postas em cena, de imediato e de improviso, no psicodrama o viés da ética nos é mais adequado, municiando-nos de princípios distantes do pensamento abstrato e aproximando-nos da tese existencial do *ser em situação*, que busca a liberdade com responsabilidade. Diga-se de passagem, a espontaneidade moreniana se assemelha à liberdade bergsoniana, em que se pretende o surgimento da expressão mais original de cada um. Os vocábulos responsabilidade, espontaneidade e resposta têm a mesma raiz de origem – *spons* –, cujo significado é "de livre decisão". E, sendo responsável, o homem espontâneo e livre responde pelos seus atos e suas palavras, sem dogmatismos, e até mesmo as manifestações de seu desejo inconsciente serão assumidas como um quinhão de compromisso com a sociedade.

Um grande número de psicodramatistas exerce a tradicional psicoterapia individual, hoje chamada também de bipessoal. Essa intimidade do consultório confessional exige do técnico que a ele se habilita uma formação moral que garanta "o encontro de uma confiança com uma consciência". Ampliando a idéia, pode-se falar das relações éticas entre colegas de profissão e de outras especialidades que, entre todas as exigências, nos impõem as regras da civilidade; bem como dizer da ética institucional, sempre empenhada em decisões metodológicas e políticas coerentes e conseqüentes, pois ser coerente e conseqüente é o mandamento essencial, o que tem sido feito pela Febrap em conjunto com as suas quase cinqüenta associações afiliadas. No campo psicodramático, de modo geral, muitas dúvidas inquietam e desafiam os treinandos e, até mesmo, os "velhos" psicodramatistas. Mas, sabemos todos, ética não se ensina, dá-se como exemplo e constrói-se na relação. Pode-se e deve-se informar ao aluno sobre as regras estabelecidas pelas codificações sociais e institucionais, e o dever de cumpri-las, ressaltando-se, porém, que o psicodrama tem método e técnicas suficientes para permitir questionamentos vivenciados de aprofundamentos ônticos e ontológicos, em que o relacional professor–aluno se estabelece como modelo irradiador.

No trabalho com os grupos – operativos, pedagógicos e terapêuticos – sob um novo olhar ou, mais exatamente, vários olhares, os seus participantes serão estimulados a verbalizar e dramatizar as percepções afetivas, intelectuais, sensitivas, télicas e, nesse rastro, explicitar sentimentos, preocupações, medos e destemores. A vivência coletiva permite melhor transparência da dinâmica interpessoal, e o próprio grupo assume a responsabilidade de apontar, discutir e dirimir intimidações ou manipulações eventuais. O assédio sexual que degrada, a coação intelectual que humilha, as "gozações" que levam ao escárnio, o contato corporal invasivo e desrespeitoso, a banalização da violência, o diabólico jogo do poder, a destrutividade, por fim, as grandes e pequenas "atuações patológicas" deverão ser detectadas pelo próprio grupo atento, e a decisão ética será no "aqui-e-agora" da convivência, com a participação de todos, democraticamente. Vivemos uma época que está a nos exigir muita coragem, e a idéia retora é a de não se compactuar com a perversão, compreendida no sentido próprio dos dicionários: traição, deslealdade, índole má, ruindade, corrupção, malvadeza, maledicência, injúria e crueldade. O grupo ético será, por isso mesmo, capaz de valorizar e resguardar a sobrevivência psíquica da pessoa, esteja ela no lugar de participante ou de coordenador/diretor/ego-auxiliar. A pessoa sozinha não dá conta de absorver toda a gama e intensidade de tensões, injustiças e agressões que a rodeiam, bestificando-se quando a indignação isolada encontra o vazio. Só na participação social pode-se protestar e exigir transformações em nome da cidadania e da singularidade do sujeito.

O psicodrama é, em si, um novo paradigma de intervenção nos grupos sociais, e, como tal, é modelo ético em que as atuais experiências criativas resgatam a sua vocação inicial. Aí está a melhor indicação do método: estudar e compreender o que seja a anomia social, das ruas, dos asilos, manicômios, hospitais, das prisões, escolas, famílias e da sociedade como um todo, para dar justa contribuição ao seu entendimento.

Vamos agora à apresentação dos capítulos que iniciam com o texto de Valéria Brito, brindando-nos com anotações histórico-conceituais sobre moral e ética. Com excelente capacidade de síntese, ela nos dá a idéia clara dos distanciamentos e aproximações dos conceitos, estimulando-nos a especular sobre uma "ética da moral", uma "moral da ética" e – por que não? – a "moral da moral" e a "ética da ética". Basta, para isso, ter olhos de ver e ouvidos de escutar. Mas a autora teve o cuidado de trazer, com o seu modo de pensar, a ética do psicodrama, no que ela tem de exclusividade.

Pela sua amplitude de trajetória nas questões da saúde, em particular nas da saúde mental, a bioética requer a participação de muitos profissionais, além de enfermeiros e médicos. Essa é a razão de um capítulo dirigido ao tema e, justamente, pela visão de uma antropóloga social, pois o psicodrama tem raízes na antropologia social, com a possibilidade de vislumbrar, num ângulo de 360 graus, a discussão da vida e da morte, em que, do filósofo ao biólogo, uma gama de trabalhadores é convocada: juristas, religiosos, sociólogos, políticos, economistas, psicólogos, psiquiatras, psicanalistas e psicodramatistas. O texto de

Débora Diniz ajudará a nós todos a ampliar os horizontes do conhecimento.

Como discutir individualidade e singularidade na perspectiva de quem trabalha com grupos humanos, sobretudo grupos terapêuticos? Em analogia com o DNA genético, a personalidade do sujeito tem potencialidades, segredos e expressões exclusivas para cada indivíduo. Como isso se insere no grupo e como este acolhe essas particularidades? A tarefa de conversar sobre tal assunto ficou com o texto de Camila Salles Gonçalves, naturalmente. Inspirada em Sartre (sua especialidade no doutorado de filosofia) e operando com o método psicodramático, ela encontra respostas a partir de questões lúcidas e pertinentes.

O texto de Wilson Castello de Almeida, "Três éticas", se propõe a percorrer, de forma sucinta, as vias usadas na conformação final da ética das relações, a que se propôs Moreno em sua atividade nascida de três vertentes: da religião, da medicina e do ato criador, mediante o teatro da espontaneidade.

Com estilo fluente e brando, o texto de Antonio Carlos Cesarino toca em questão sensível à atividade grupal: o sigilo. Para chegar ali ele enfocou as formas como Moreno concebeu, em dois momentos, a ética do grupo, oferecendo-nos um estudo crítico de excelente nível.

Entre tantos psicodramatistas que de certa forma são pioneiros do axiodrama, Anibal Mezher tem-se preocupado em divulgar com entusiasmo essa proposta de trabalho. O seu texto apresenta-nos todos os esclarecimentos teóricos necessários, a partir de uma prática estimulante.

O livro já estava idealizado, e a produção em andamento, quando ocorreu na cidade de São Paulo o evento Ética e Cidadania (21/3/2001). O sentimento de se convidar para o livro uma das 150 equipes de psicodramatistas que participaram foi unânime; logo a equipe escolhida foi a coordenada por Marília J. Marino, que nos apresenta seu texto contemplando acontecimentos do evento, bem como as ressonâncias posteriores.

Portanto, vamos à leitura dos vários capítulos, não sem antes registrar a nossa gratidão a todos esses profissionais de boa cepa, em nome da *Revista Brasileira de Psicodrama*, pois, por meio da Federação Brasileira de Psicodrama, ela será a beneficiária dos direitos autorais, gentilmente cedidos pelos autores. Em especial, um agradecimento a Pierre Weil, que nos honrou com o prefácio e a quem homenageamos como pioneiro do psicodrama no Brasil.

Também, nosso muito obrigado à psicodramatista Edith Elek, por ter apreciado o projeto, encampando-o pela sua editora.

Wilson Castello de Almeida
Editor da *Revista Brasileira de Psicodrama*

CAPÍTULO 1

Reflexões Iniciais sobre os Conceitos de Ética e Moral

Valéria Cristina de Albuquerque Brito

No contexto de nossos diálogos cotidianos é comum empregarmos os termos ética e moral distintamente. Ética, em geral, remete a ideais elevados, princípios universalmente aceitos e cultivados, imunes às variações históricas e culturais. Moral identifica-se com normas e regras sociais, preceitos de caráter restritivo, com freqüência correlacionados aos comportamentos de ordem sexual. Na conversação diária tal distinção é simples e raramente provoca maiores reflexões.

Uma consulta ao dicionário Michaelis (1998) nos mostra, contudo, que os dois termos têm suas raízes em palavras que significam "costumes", sendo a primeira derivada do termo grego *ethos/ethiké* e a segunda, do vocábulo latino *mores/morales*. Ética e moral têm significados bastante próximos:

Ética (sf) – parte da filosofia que estuda valores morais e princípios ideais da conduta humana. É a ciência normativa que serve de base à filosofia prática (...).

Moral (sf) – parte da filosofia que trata dos atos humanos, dos bons costumes e dos deveres do homem em sociedade e perante os de sua classe. Conjunto de preceitos ou regras para dirigir os atos humanos segundo a justiça e a eqüidade natural (...).

Diante das evidências etimológicas, seria talvez mais simples concluir que, na filosofia, ética e moral são sinônimos e encerrar aqui essa empreitada. Caso você, leitor(a), prefira os caminhos curtos, essa é uma solução possível: passe direto para o capítulo seguinte. Para aqueles que, como eu, preferem trajetórias mais tortuosas, vale a pena prosseguir no questionamento do percurso dos termos ética e moral na história da filosofia.

Nas páginas que se seguem, apresento uma breve síntese histórico-conceitual do debate ético desde a antiguidade clássica até nossos dias. Tomando como guias alguns autores que considero mais significativos por sua articulação ao pensamento moreniano, procuro delinear os grandes temas éticos da filosofia grega, da filosofia medieval, da modernidade e das contribuições contemporâneas. Na seqüência, aponto como essas tradições constituem importantes elementos de base da teoria e da ação psicodramática. Concluo na expectativa de que o presente texto constitua um iniciador para as cenas dos próximos capítulos.

Implicações da distinção entre ética e moral

Sem descartar a origem das palavras, podemos deslocar o foco das semelhanças para as diferenças. A raiz grega do termo ética nos remete aos primórdios da filosofia ocidental, da oposição entre o pensamento racional e o pensamento mítico, da busca de uma compreensão do mundo que se afasta dos deuses e se volta para a razão humana. Por seu turno, a raiz latina de moral se conecta às tensões entre a fé e a razão, que se iniciam no Império Romano e prolongam-se na Idade Média, período em que cristianismo e filosofia se confundem por mais de um milênio (Abrão, 1999).

O termo ética é herdeiro da tradição filosófica que se origina na Grécia antiga. Sócrates (469 ou 470 a.C. – 399 a.C.), marco do nascimento da filosofia, é considerado fundador da Ética. Sócrates, como nos conta Platão, interessava-se pelo homem e suas ações e procura conhecer a virtude. O imperativo "Conhece-te a ti mesmo" é para Sócrates a base da Ética. As questões éticas não se esgotam apenas como convenções que se modificam conforme as circunstâncias e os interesses, tornam-se problemas que exigem uma elucidação racional. Assim, conhecimento e virtude tornam-se sinônimos. Só pratica o mal quem ignora a virtude, e quem tem o verdadeiro conhecimento só pode agir bem.

Por sua vez, o termo moral, empregado como sinônimo de regras rígidas, aponta para as conexões entre filosofia e religião estabelecidas na Idade Média. O pensamento medieval submete a razão e a filosofia aos ditames da fé, da verdade revelada. Seguindo a tradição judaico-cristã, o termo moral traz embutida a noção de que nossos desejos, especialmente os sexuais, devem ser severamente contidos para obedecer à lei moral bem como o sentimento de culpa associado ao fracasso em cumprir o nosso dever. A conotação de rigidez comumente associada ao termo moral é mais característica de uma concepção particular da ética, a que está ligada à tradição judaico-cristã, do que um aspecto inerente a qualquer sistema moral (Peter Singer, 1994).

Manter a distinção entre ética e moral permite diferenciar tradições de argumentação racional daquelas de inspiração dogmática e situá-las em sistemas de valores distintos. Para a maioria das pessoas, tal distinção entre o estudo sistemático sobre o modo como devemos agir, a *ética*, e as normas e regras que orientam, ou pretendem orientar, as ações de um grupo específico, a *moral*, é possível e útil.

No entanto, para os grupos encarregados de propor soluções para os dilemas relativos à definição e à aplicação de ideais e normas de conduta, tal distinção está longe de ser simples. Para juristas, cientistas sociais, teólogos, líderes políticos e legisladores, a distinção entre princípios universais e regras sociais é um tema complexo que ocupa espaço privilegiado de reflexão assim como assume diferentes contornos ao longo da História. A distinção entre o que há de universal e de particular, de constante e de variável, na definição do certo e do errado e do bem e do mal é tema central nas religiões, na filosofia, na ciência.

A ética grega surge como uma pesquisa sobre a natureza do bem moral, na busca de um princípio absoluto da conduta. Grande sistematizador das idéias de Sócrates, Platão inicia a discussão sobre a moral com a idéia de felicidade. A alma imortal do homem alcançará a felicidade plena depois da morte. Então, durante a vida, os homens deveriam procurar a contemplação das idéias, principalmente da idéia mais importante, o Bem. Com base nesse Bem superior o homem deve procurar descobrir uma escala de bens que o ajudem a chegar ao absoluto. A distância entre as virtudes intelectuais e morais é pequena, pois a vida prática do sábio se assemelha muito à prática teórica.

Aristóteles diferencia-se de Platão por sua inclinação empírica. Seus livros que tratam especificamente de questões de ética, como *Ética a Eudemo*, *Ética a Nicômaco* e *Magna moral*, afirmam a diversidade dos seres e concluem que os bens (no plural) devem necessariamente variar. Deve haver um bem conforme a essência do respectivo ser. Quanto mais complexo for o ser, mais complexo será também seu respectivo bem. Assim, a pesquisa sobre o Sumo Bem é, em Aristóteles, a pesquisa sobre os bens concretos para o homem. Nesse sentido, a ética aristotélica é finalista, define-se pelos fins que devem ser buscados para que o homem atinja a felicidade.

Sem desconsiderar o Bem Supremo, Aristóteles considera que o homem como um ser complexo não precisa apenas do melhor dos bens, mas de vários bens e os diferencia em classes, uns melhores que outros. Sendo a razão o que caracteriza de modo específico o homem, a virtude mais elevada seria o bem próprio do homem, a vida teórica, dedicada ao estudo e à contemplação. O ser do homem é uma substância composta: o corpo material e a alma espiritual. Como o corpo é sujeito às paixões, a alma deve desenvolver hábitos bons, uma vez que a virtude é sempre uma força adquirida, que não brota espontaneamente da natureza. Aristóteles valoriza, então, a vontade humana, o esforço voluntário de converter as melhores disposições naturais em hábitos de acordo com a razão. "A Virtude é uma espécie de segunda natureza, adquirida pela ação livre" (Valls, 1986).

A apropriação do discurso filosófico grego pelo cristianismo durante a Idade Média não significa o abandono de uma racionalidade ética, porém é estímulo para situá-la em um novo patamar. Entre gregos e romanos, a discussão sobre a natureza do mundo e do homem produziu doutrinas práticas voltadas para orientar a busca de uma vida dirigida para o bem, a virtude, a harmonia com a natureza. A lei moral deveria permitir ao homem realizar-se de acordo com sua natureza, seria um aspecto da lei natural. A posição da filosofia grega em relação à ética se distinguia, todavia estava de acordo com as religiões antigas, nas quais os deuses também são forças naturais.

Por outro lado, o Deus da tradição judaica e do cristianismo é o princípio criador que se coloca acima de tudo o que é natural. Portanto, o cristão que se pergunta como deve agir não se pode contentar em sondar a natureza, entretanto deve adotar uma nova posição que manda agir de acordo com a vontade de Deus. Associada ao cristianismo, a filosofia situa a meta da vida moral em um patamar mais elevado. O homem, criado à imagem e à semelhança de Deus, deve ser santo.

Há de se cumprir o mandamento do amor, amor esse que se diferencia do amor grego e mesmo do amor judaico por ser um amor "que vem de cima", de Deus que nos amou primeiro. Para encaminhar o homem na busca da vontade divina, do amor perfeito, sinônimo de santificação, o pensamento ético do período cristão do Ocidente procurou elucidar, com referência sempre à Bíblia e à Teologia, questões relativas ao amor, à liberdade, à fraternidade, ao prazer, ao sofrimento, ao egoísmo etc. (Valls, 1986: 37). A filosofia medial procura unir a racionalidade da tradição antiga à fé cristã para desenvolver princípios éticos universais que elevem o homem.

No decorrer desta busca do amor perfeito, as questões relativas ao corpo e à sexualidade, mais dificilmente articuláveis à crença em um Deus acima da natureza, foram mais objeto de proibição do que de debate. O corpo, o prazer que vem do corpo, acoplaram-se à noção de pecado e constituíram os temas preferenciais das ações repressivas da Igreja. Assim a preocupação com o sexo, ou melhor, com o controle da sexualidade, característica dos cristãos, associa-se à noção de moralidade. Sob a égide do cristianismo, moralidade é tomada como sinônimo de regras rígidas de controle, em especial de controle da sexualidade.

A distinção entre ética e moral permite reservar um campo específico para as questões elevadas, universais e atemporais e outro para as questões carnais, grupais, temporais. Assumir essa distinção significa aderir à divisão de corpo e espírito, típica do pensamento cristão, implica uma escala de valores que hierarquiza as questões humanas. Assumir como legítima a distinção cotidiana entre ética e moral é em si uma posição ética, uma forma de resolver as contradições entre necessidade e desejo, entre corporal e mental, entre natural e cultural. Em suma, estabelecer uma divisão entre ética e moral significa assumir que há um domínio no qual os dilemas podem ser pautados por princípios gerais e outro no qual as decisões são regidas pelas tradições.

A questão que se impõe se refere aos limites e às limitações dessa ética que simplifica as contradições tomando-as como pólos isolados. Será que há um domínio na vida humana em que o indivíduo faz sua escolha apenas com referência ao universal ou ao particular? O que seriam o universal e o particular na vida humana? Como adverte Nietzsche (1880/1999: 141):

> [...] eticidade não é nada outro (portanto, em especial, *nada mais*!) do que obediência a costumes, seja de que espécie forem; e costumes são o modo *tradicional* de agir e de avaliar. Em coisas em que nenhuma tradição manda não há nenhuma eticidade; e, quanto menos a vida é determinada por tradição, menor se torna o círculo da eticidade.

No decurso de seu distanciamento da fé cristã, a filosofia recusa as simplificações e insiste em questionar os dilemas éticos. Durante a Renascença e o Iluminismo (séculos XV e XVIII), a valorização do homem como medida do mundo muda o rumo das reflexões morais, acentuando o aspecto pessoal da ética. Nesse contexto, a revisão do mundo antigo, a ascensão da burguesia, a popularização do conhecimento promovida pela imprensa, a aproximação entre os europeus e os povos de outros continentes, o fortalecimento dos Estados nacionais fazem surgir a preocupação com a autonomia moral do indivíduo, a liberdade, na vida pessoal, na sociedade e no Estado.

A ética moderna

A liberdade em relação às forças da natureza propiciada pelo desenvolvimento técnico e a liberdade de conceber de diferentes maneiras a vontade de Deus lançam o homem moderno na busca de ideais éticos que articulem a razão e a liberdade. A reflexão ética que se desenvolve na modernidade não tem uma conexão necessária com qualquer religião em particular, nem com a religião em geral.

Kant (1724-1804), o grande pensador do Iluminismo, buscava uma ética de validade universal apoiada na igualdade fundamental entre os homens. Sua Filosofia Transcendental procura no próprio homem as condições de possibilidade do conhecimento verdadeiro e da ação livre. Para Kant, os conteúdos éticos não devem derivar do exterior. Diante de cada lei, ordem ou costume, o sujeito, para um homem livre, está obrigado a perguntar qual é o seu *dever* e agir somente de acordo com o seu dever.

A moral kantiana não se interessa por elementos históricos ou empíricos, tais como leis, costumes, tradições ou inclinações pessoais. Kant procurou deduzir da própria estrutura do sujeito humano, racional e livre, a forma de um agir necessário e universal. O que varia em cada sujeito é a forma do dever. Essa forma se expressa em diferentes formulações no que Kant denomina de *imperativo categórico*, uma ordem formal. Na *Fundamentação da metafísica dos costumes* (1785), Kant apresenta assim o imperativo categórico: "[...] devo proceder sempre de maneira que eu possa querer também que a minha máxima se torne uma lei universal" (*apud* Valls, 1986: 20).

Kant representa apenas um dos lados no debate acerca do papel que a razão pode desempenhar na nossa vida prática e nas nossas decisões éticas. David Hume (1711-1776), outro grande pensador da modernidade, afirmava que a base da ética deve ser encontrada nas nossas emoções ou, como ele lhas chama, paixões. O debate entre Hume e Kant sobre o papel da razão na ética nos leva ao coração da mais fundamental das questões possíveis de ser levantadas acerca da natureza da ética: saber se ela é objetiva ou subjetiva.

Peter Singer (1994), um pensador contemporâneo que estuda a bioética, sintetiza os termos em que o debate ético se desenrolou na constituição da modernidade, afirmando que têm sido usados diferentes termos para tratar essa questão. No entanto, por detrás disso subsiste sempre a divisão entre, por um lado, os que sustentam que, de algum modo, há uma resposta verdadeira, correta ou mais justificada para a questão "O que devo fazer", independentemente de quem faz a pergunta; e, por outro, os que sustentam que, se diferentes indivíduos ou sociedades estão em desacordo em relação a problemas éticos, então é porque não existe um padrão por meio do qual seja possível julgar uma resposta como melhor do que outra.

Logo, para Singer (1994) a questão central do debate ético da modernidade seria a mesma que entre Hume e Kant: haverá razões objetivas para a ação, independentes dos nossos desejos? Haverá alguns imperativos considerados, como Kant os chamou, categóricos – isto é, imperativos válidos para todos os seres racionais, independentemente dos seus desejos? Kant pensava que se a ética não é uma ilusão deve haver imperativos categóricos –, pois não será verdade que a moralidade nos diz que devemos fazer o que está certo, não levando em consideração nossos desejos? Qual o grau de liberdade que a pessoa humana tem para escolher determinado curso de ação?

A disputa entre a objetividade ou subjetividade na determinação da ética refere-se a escolhas e adquire sentido apenas quando definimos a liberdade. A ética situa-se no campo delimitado de um lado pelo determinismo absoluto, a falta de liberdade, e, de outro, pela liberdade total. Se considerarmos que nossas ações são totalmente definidas por fatores internos, tais como desejos, necessidades, equilíbrio neuroquímico, forças inconscientes, ou externos, como o destino, a vontade de Deus, as leis da natureza ou as do mercado, não há sentido em falar em ética. Nesses extremos, não há ética porque a escolha é impossível, não há possibilidade de autodeterminação, de liberdade. Se postularmos uma objetividade total, estaremos estabelecendo um condicionamento que elimina a escolha do sujeito, a liberdade. De outra parte, se concebermos a liberdade como incondicionada, uma vontade acima de todos os condicionamentos materiais e psicológicos, estaremos reduzindo o ser humano a um espírito puro, imune às restrições de sua materialidade e da cultura.

O debate filosófico que se empreenderá a partir do século XIX vai insistir na discussão da idéia de liberdade como princípio de toda argumentação em torno da ética. No início do século, o grupo mais influente foi o idealismo que compartilhava da idéia do ser humano como sujeito totalmente racional, infinito, acima do aqui-e-agora. Os idealistas acentuavam de tal forma o poder da vontade que acabaram pressupondo um espírito tão poderoso que não se identificava mais com o ser humano real e concreto (Valls, 1986).

Em reação a essa posição extrema, um pensador desse mesmo período, Schelling (1775-1854), criticou a abordagem apenas formal e abstrata do idealismo, defendendo a concepção de liberdade situada em um patamar "real e vivo", a *liberdade humana*. Contemporâneo e amigo de Schelling, Hegel (1770-1831) concentrou-se na compreensão da liberdade articulada à realidade. Para Hegel, a realidade é um processo que só pode ser compreendido no contexto histórico, e a liberdade não pode ser desfrutada apenas subjetivamente, ela só adquire sentido no plano da intersubjetividade. O exemplo clássico deste caráter relacional do pensamento hegeliano sobre a liberdade é a "dialética do senhor e do escravo", apresentada na *Fenomenologia do espírito* (1807). O senhor é senhor porque realiza seu desejo de ser reconhecido como tal pelo escravo, sobre quem tem poder de vida e morte. Entretanto, o escravo não é passivo, é a consciência do escravo que reconhece o senhor como tal. O senhor necessita do escravo para afirmar-se e manter-se como senhor. O escravo, inicialmente dependente do senhor, torna-se senhor da consciência de seu amo. Hegel critica aqui o subjetivismo – uma liberdade que se constitui sobre a dominação e nega essa dependência para se manifestar.

A dialética do pensamento hegeliano vai apontar o estado de Direito, moderno e constitucional, como a instância de uma verdadeira liberdade. Não basta que o sujeito se sinta livre, é preciso que saiba que sua liberdade está garantida por um Estado que tenha leis e organizações garantidoras das liberdades individuais e do bem coletivo. A liberdade como existência concreta só aconteceria em um Estado materializado pela liberdade de todos, concretizada em instituições sociais e políticas. Com Hegel, liberdade e ética articulam-se na política. "Hegel denomina agora ético um estado social em que todos os membros têm seus direitos reconhecidos e suas necessidades satisfeitas, sem ferir os interesses dos outros" (Habermas, 2000: 75).

Ainda no século XIX, dois outros movimentos filosóficos vão criticar de modo diferente as soluções hegelianas para o problema da liberdade e da ética, o marxismo e o existencialismo. Marx (1818-1883) e seu amigo Engels (1820-1895) fundam uma linha de pensamento que critica o estado hegeliano afirmando que o Estado civil burguês não é, de fato, uma instância universal preocupada com o bem comum. Para o marxismo, o Estado não é um universal harmonizador, porém um instrumento de dominação conquistado por uma das classes em conflito. Para Marx, Hegel é prisioneiro de uma ilusão, que não é apenas um erro, mas uma necessidade, uma ideologia que decorre da realidade social e histórica em que se baseia (Abrão, 1999). A liberdade do ser humano, nesse sentido, não pode ser encontrada em nenhuma formulação teórica, mas apenas na abolição da divisão social que se manifesta na sociedade capitalista mediante a propriedade privada. No marxismo, a questão da liberdade e da ética se articulam em razão da economia e constituem também uma política, a revolução proletária.

O precursor do existencialismo Sören Kierkegaard (1813-1855), por outro lado, apontou que Hegel teria negligenciado a dimensão propriamente humana e individual da liberdade. Ao ressaltar seu aspecto processual, Hegel teria esvaziado a dimensão ética, a escolha do indivíduo. No entender de Kierkegaard, a liberdade não seria sinônimo de conhecimento teórico do bem e do mal ou do processo dialético do bem do qual decorreria necessariamente a prática do bem. A liberdade consistiria na opção voluntária pelo bem, consciência da possibilidade de preferir o mal. Com o conceito de angústia (1844), Kierkegaard descreve a experiência propriamente humana de ser livre, experiência de optar e *ter* de optar. "Kierkegaard abordou pelo viés da reflexão acerca da experiência religiosa alguns temas que estarão presentes em todas as filosofias da existência" (Abrão, 1999: 442). As filosofias existencialistas que surgem no século XX (Jaspers, Heidegger, Merleau-Ponty, Sartre) vão aprofundar a crítica de Kierkegaard a Hegel e insistir na singularidade humana, no sujeito como construtor do seu devir e, em última instância, criador de sua própria liberdade. Como construtor de si mesmo, o ser humano não se pode furtar a escolher. Na frase clássica de Jean Paul Sartre: "O homem está condenado a ser livre". Ao escolher ser sujeito, ele engendra seu futuro com base em suas próprias escolhas, agir eticamente é responsabilizar-se por essas escolhas. No existencialismo, a ética articula liberdade e responsabilidade.

A ética contemporânea

A discussão ética que esteve em curso no recém-encerrado século XX e se insinua para o novo milênio incorporou as transformações sócio-históricas e enfraqueceu a pretensão de estabelecer verdades eternas. As guerras mundiais, a ampliação dos direitos das "minorias", a velocidade das inovações tecnológicas, a revolução sexual, a cultura de massas constituíram um contexto complexo no qual as investigações éticas necessariamente incluem as contingências e a liberdade. As conquistas científicas e tecnológicas do século XX, linearmente consideradas como progresso, não realizaram os ideais sonhados pelo positivismo. A violência, a fome, as doenças, a solidão persistem como desafios para os quais temos respostas, todavia não temos soluções.

A conturbação histórica do século XX reflete-se em uma pulverização da ética que não mais se apresenta sob os rigores da ordem clássica ou do ideário iluminista. A pretensão de universalidade restringe-se à distinção entre o bem e o mal e o corolário de que agir eticamente é fazê-lo de acordo com o bem. À parte essas noções bastante abstratas, diferentes pensadores prosseguem na discussão do que é o bem e de como se dão a escolha e a ação éticas. Segundo Álvaro Valls (1986), o debate ético da atualidade segue aprofundando e ampliando as discussões delineadas nos séculos XVIII e XIX; pode também ser entendido como a pesquisa dos pontos de aproximação entre os marxistas críticos, os chamados *frankfurtianos* (Marcuse, Adorno, Horkheimer, Fromm, Habermas), e os existencialistas.

Ainda que seja possível identificar que os pensadores do século XX, em diversos graus, organizam-se em torno da adesão a conceitos derivados das tradições marxistas e existencialistas, seria não apenas pretensioso, mas temerário buscar sintetizar aqui as idéias dos principais autores sobre os temas éticos de nosso tempo. Em nossa trajetória retrospectiva, foi relativamente simples assumir certo distanciamento e escolher os guias de trilhas abertas há muito tempo. Aqui, onde o passado se encontra com o presente para criar o futuro, não cabe mais escolher guias, porém evidenciar a partir de que tradição o caminho trilhado foi escolhido. Ao escolher ser psicodramatista, optei por participar de determinada tradição filosófico-científica que me permite ser participante ativa, autora, co-criadora das discussões éticas do meu tempo e da minha sociedade. A ação ética, então, é abandonar qualquer pretensão de síntese, de neutralidade, e apenas destacar o autor contemporâneo que propôs os conceitos e métodos que subsidiam minhas concepções e ações.

A ética moreniana

Ao denominar as técnicas que criou como "técnicas de liberdade", Moreno (1953/1993: 7) coloca-se afinado com o debate ético de seu tempo. Influenciado/influenciando as filosofias existencialistas, ele procura superar o debate entre um objetivismo e um subjetivismo dicotômicos e propõe uma ética co-criada no interior dos grupos. Moreno critica Kierkegaard e os existencialistas de seu tempo por considerá-los excessivamente teóricos (Garrido Martin, 1996) e nos incita a agir diretamente na valorização do humano diante dos avanços do tecnicismo, da robotização. Com relação ao marxismo, Moreno reconhece-o como um "indiscutível progresso", contudo critica sua inclinação a "buscar a explicação do mundo social, recusando-se a considerar o indivíduo como um ser dotado de energia psicológica e a considerar a sociedade como realidade complexa, móvel, continuamente atravessada por correntes psicológicas e constituída pelas redes que formam essas correntes" (Moreno, 1951: 170). Para espanto de muitos e desespero de alguns, Moreno recusa-se assim a aderir inteiramente às tradições filosóficas predominantes no século XX. No entanto, não se limita a criticá-las, constrói sua obra como uma alternativa, apresenta sua própria ética.

Para concretizar na pesquisa e na clínica este projeto ético, Moreno muitas vezes desafiou regras e tradições estabelecidas nos códigos de ética médicos, de pesquisa, de psicoterapia. Desafiou a abstinência na relação psicoterapeuta–paciente, questionou o sigilo como sinônimo de segredo e com ares de confissão e subverteu a posição de neutralidade do pesquisador.

Tais posições/ações de Moreno podem e têm sido consideradas aéticas e antiéticas, tanto por críticos quanto por seguidores. Ora, certamente não podemos considerar que a obra moreniana é aética, isto é, dissociada de um conjunto de valores, de noções de certo e errado. No entanto, de fato Moreno se contrapôs a algumas éticas, nesse sentido foi, sim, antiético.

Como espero ter demonstrado no decorrer deste capítulo, se adotarmos uma posição reflexiva, filosófica, que busca os caminhos tortuosos, que coloca sob escrutínio aquilo que parece simples, imediato e corriqueiro, reconheceremos que todos os que falam e agem o fazem dentro de uma tradição, de uma ética. Portanto, as ações de Moreno, e as nossas, são sempre éticas, refletem nosso sistema de valores, nossas concepções de certo e de errado. O que nos cabe questionar, e por certo os próximos capítulos serão iniciadores poderosos, é até que ponto e em que medida a ética moreniana se articula com nossa própria ética, com a ética de nossa rede sociométrica e com a ética que concebemos como universal e necessária.

Referências bibliográficas

ABRÃO, B. S. *História da filosofia*. Col. Os Pensadores. São Paulo, Nova Cultural, 1999.

GARRIDO MARTIN, Eugenio. *Psicologia do encontro: J.L. Moreno*. 2ª ed. São Paulo, Ágora, 1996.

HABERMAS, Jürgen. *O discurso filosófico da modernidade*. São Paulo, Martins Fontes, 2000.

MICHAELIS: *Moderno dicionário da língua portuguesa*. São Paulo, Companhia Melhoramentos, 1998.

MORENO, Jacob L. *Who shall survive? Foundations of Sociometry, Group Psychotherapy and Sociodrama – Student Edition.* MCLEAN, V.A. ASGPP, 1953/1993.

_____. *Sociometry, experimental method and the science of society.* Ambler, PA, Beacon House, 1951.

NIETZSCHE, Friedrich. *Aurora – Pensamentos sobre os preconceitos morais.* Col. Os Pensadores. São Paulo, Nova Cultural, 1880/1999.

SINGER, Peter (ed.). *Ethics* – "Introduction". Oxford, Oxford University Press, 1880/1999, pp. 4-10.

VALLS, Álvaro L. M. *O que é ética.* São Paulo, Brasiliense, 1986.

CAPÍTULO 2

Bioética: um Novo Conceito*

Débora Diniz

Vários acontecimentos contribuíram para o surgimento da bioética. Os bioeticistas, simbolicamente, reconhecem a obra de Van Rensselaer Potter, *Bioethics: bridge to the future*, publicada em 1971, como um marco histórico importante para a genealogia da disciplina. Potter é um cancerologista estadunidense, preocupado com a sobrevivência ecológica do planeta e com a democratização do conhecimento científico, que ficou conhecido entre os bioeticistas como autor de uma obra única.[1] Apesar de hoje estar sendo contestada sua paternidade na criação do neologismo, Potter é, ainda, uma referência fundamental para a história da bioética. Na verdade, o que neste momento se contesta na bioética não é a originalidade tampouco o vanguardismo de Potter, fatos indiscutíveis, mas sim o que Thomas Reich sugere ser a autoridade histórica da "primeira institucionalização da palavra bioética".[2]

---

* Algumas das idéias aqui desenvolvidas foram originalmente discutidas com Dirce Guilhem no livro *O que é bioética?*, no prelo.

1. Potter, Van Rensselaer. *Bioethics: bridge to the future.* New Jersey, Prentice Hall, 1971.

2. Reich, Warren Thomas. "The word 'bioethics': its birth and the legacies of those who shaped it". *Kennedy Institute of Ethics Journal*, vol. 4, nº 4, 1994, pp. 319-33.

Segundo Reich, um importante compilador de livros e enciclopédias sobre bioética, não se nega que tenha sido Potter o criador do neologismo, entretanto o importante para a história da disciplina seria a primeira institucionalização acadêmica do conceito. Dessa forma, segundo a história da bioética contada por Reich e outros pesquisadores simpáticos à sua argumentação, a disciplina teria tido um nascimento bilocal: por um lado, na Universidade de Wisconsin, em Madison, com Potter, criador do conceito; por outro, na Universidade de Georgetown, em Washington, com André Hellegers que, diante da existência do termo, teria sido o primeiro a utilizá-lo institucionalmente com o intuito de designar uma nova área de atuação, esta que, atualmente, conhecemos como bioética.

No entanto, a proposta de retirada do senso prospectivo de Potter quanto ao futuro da bioética não está sendo facilmente aceita entre os bioeticistas. Potter é ainda aclamado, em especial em nome de suas últimas publicações que apontam para uma nova guinada teórica na disciplina, como uma importante referência histórica e de pensamento.[3] E, na verdade, não apenas pelas publicações recentes do autor que corroboram sua atualidade, mas sobretudo pela lucidez de algumas de suas afirmações sofre o espírito da nova disciplina que deveria ser a bioética. Vale conferir algumas de suas idéias, publicadas em *Bioethics: bridge to the future*, um livro baseado em artigos de sua autoria publicados entre os anos 50 e 60:

> [...] o que nós temos de enfrentar é o fato de que a ética humana não pode estar separada de uma compreensão real da ecologia em um sentido amplo. *Valores éticos não podem estar separados de fatos biológicos* [...] como indivíduos nós não podemos deixar nosso destino nas mãos de cientistas, engenheiros, tecnólogos e políticos que esqueceram ou nunca souberam estas verdades elementares.

---

3. Veja, por exemplo, a transcrição de um vídeo sobre Potter, lançado no IV Congresso Internacional de Bioética, no Japão, o qual foi publicado no Brasil (*O Mundo da Saúde. Script do vídeo*. São Paulo, ano 22, vol. 22, nº 6, nov./dez. 1998: 370-4).

Em nosso mundo moderno, nós temos botânicos que estudam plantas ou zoologistas que estudam animais, no entanto a maioria deles é especialista que não lida com as ramificações de seu conhecimento limitado... (sem grifos no original).[4]

Ou seja, a ponte para o futuro a que se referia Potter, a bioética, deveria ser uma disciplina capaz de acompanhar o desenvolvimento científico (para ele, basicamente, a biologia e seus derivados), com uma vigilância ética que ele supunha poder estar isenta de interesses morais. Para tanto, o autor propunha uma democratização contínua do conhecimento científico como única maneira de difundir este olhar zeloso da ética.

A crítica de Potter à compartimentação e à distância social inerentes à produção científica não era exclusiva do autor, muito embora esta sua argumentação tenha sido de pouco interesse para a bioética. O importante da proposta futurista de Potter era a idéia de que a constituição de uma ética aplicada às situações de vida seria o caminho para a sobrevivência da espécie humana. E o mais curioso ainda: para esta *ciência da sobrevivência* não era preciso um conhecimento rigoroso da técnica, mas antes um delicado respeito aos valores humanos. Para Potter, a proposição do termo bioética enfatizava os dois ingredientes considerados os mais importantes para alcançar uma prudência que ele julgava ser necessária: o conhecimento biológico associado a valores humanos.[5] Ou melhor, tal proposta de Potter de associar biologia (entendida em sentido amplo sobre o bem-estar dos seres humanos, dos animais não-humanos e do meio ambiente) e ética é o que, hoje, se mantém como o espírito da bioética.

De qualquer modo, afora a solitária clarividência de Potter, é importante reconhecer quais foram as transformações dos anos 60, em especial nos contextos social, político e tecnológico, que impulsionaram o nascimento da bioética. Nessa década, houve a confluência de dois importantes processos de transformação das sociedades que marcaram definitivamente o espí-

---

4. Potter, Van Rensselaer, op. cit., pp. vii-2.
5. Idem, ibidem, p. 2.

rito da disciplina: o primeiro no campo das ciências e o segundo no das moralidades.

De um lado, um grande desenvolvimento tecnológico fez surgir dilemas morais inesperados relacionados à prática biomédica (por biomedicina, é preciso entender todo o exercício profissional relacionado à saúde e à doença dos seres, seja no campo da medicina propriamente dita, seja da enfermagem, nutrição, biologia, psicologia, entre outros). Por outro, os anos 60 foram também a era das conquistas pelos direitos civis, o que fortaleceu o ressurgimento de movimentos sociais organizados, como o feminismo, o movimento *hippie* e o movimento negro, entre outros grupos de minorias sociais, promovendo, com isso, um revigoramento dos debates acerca da ética normativa e aplicada. Esses diferentes movimentos sociais adotaram como bandeira e trouxeram à tona questões relacionadas à diversidade de opiniões, o respeito pela diferença e o pluralismo moral.

No entanto, paralelo a esse processo de crítica moral desencadeado pelos grupos sociais houve importantes transformações em instituições já tradicionais, como nos padrões de família, nas crenças religiosas e, até mesmo, na socialização formal das crianças pelas escolas. Esse processo geral de transformação nas crenças e nos padrões de bem-viver das sociedades pôde ser vislumbrado por meio do advento de novas tecnologias promissoras quanto à melhoria da qualidade de vida das populações. Foi assim que uma série de eventos ocorridos entre os anos 60 e 70, representativos dessas mudanças sociais citadas, foi particularmente perturbadora no campo moral, sobretudo nos Estados Unidos. O surgimento da bioética pode ser visto, então, como a principal resposta no campo ético a essas grandes mudanças.

Foi ainda nesse período inicial de surgimento que dois outros acontecimentos contribuíram para que a bioética se definisse como um novo campo disciplinar: 1) as denúncias, cada vez mais freqüentes, relacionadas às práticas antiéticas nas pesquisas científicas que envolviam seres humanos, um tema fortemente impulsionado pelas histórias de atrocidades cometidas pelos pesquisadores nos campos de concentração da Segunda Guerra Mundial; e 2) a abertura gradual da medicina que, de uma profissão fechada e autoritária, passou a dialogar com os que David Rothman, em *Strangers at the bedside: a history how law and bioethics transformed medical decision making*, adequadamente denominou estrangeiros: primeiro foram os filósofos, os teólogos e os advogados e, um pouco mais tarde, os sociólogos e os psicólogos que passaram a observar e a opinar sobre a profissão médica, porém sob outras perspectivas profissionais.[6]

Rothman sugere que essa invasão da medicina pelos estrangeiros tenha ocorrido sobretudo em nome da crescente especialização e despersonalização do exercício médico, um processo que se deu paralelo à perda da confiança dos pacientes em seus médicos.[7] Estes e outros fatores decorrentes da heterogeneidade social contribuíram para que a ética médica de inspiração hipocrática fosse perdendo sua força. Os avanços científicos e tecnológicos começaram a ameaçar a tranqüilidade do processo ético de tomada de decisão na prática médica. De amigos e confidentes morais – no antigo modelo do médico de família –, médicos e pacientes tornaram-se distantes morais. E tal processo de estranhamento moral foi de fundamental importância para o surgimento e a consolidação da bioética. Era definitivamente necessário encontrar um instrumento de mediação ética que promovesse a segurança e o pacifismo desse encontro entre distantes morais.

Micro-história

Para esta micro-história da bioética, o filósofo e bioeticista Albert Jonsen pontua três acontecimentos como os que exerceram um papel particularmente importante na consolidação da disciplina.[8] O primeiro deles foi a divulgação do artigo da jornalista Shana Alexander, intitulado "They decide who lives, who dies", publicado na revista *Life*, em 1962, em que se con-

---

6. Rothman, David J. *Strangers at the bedside: a history how law and bioethics transformed medical decision making.* EUA; Basic Books, 1991.

7. Idem, ibidem.

8. Jonsen, Albert R. "The birth of bioethics." *Hastings Center Reports*, vol. 23, nº 6, nov./dez. 1993. Suplemento Especial, pp. S1-S4.

tavam a história e os desdobramentos da criação de um comitê de ética hospitalar em Washington, nos Estados Unidos (Comitê de Admissão e Políticas do Centro Renal de Seattle). O Comitê de Seattle, como ficou conhecido, tinha o objetivo de relacionar as prioridades para a alocação de recursos em saúde. Uma de suas primeiras medidas foi a seleção, dentre os pacientes renais crônicos, daqueles que poderiam fazer parte do programa de hemodiálise recém-inaugurado na cidade. O fato de haver um número de pacientes superior à disponibilidade das máquinas fez com que os médicos da cidade optassem por delegar os critérios de seleção de atendimento para um pequeno grupo de pessoas, basicamente todos leigos na medicina. Cabia a este grupo de pessoas eleger critérios não-médicos de seleção para o tratamento. Ou seja, de uma forma inusitada, o processo de decisão médica passou para o domínio público. Para Jonsen este, mais do que qualquer outro evento, assinalou a ruptura entre a bioética e a tradicional ética médica, supostamente um conhecimento de domínio exclusivo do profissional de saúde.

Alguns anos depois, em 1966, ocorre o segundo evento desta micro-história da bioética contada por Jonsen. Paralelo à publicação do livro de Potter, exatos cinco antes, Henry Beecher divulgou o artigo que mais assombro provocou na comunidade científica mundial, desde o anúncio das atrocidades cometidas pelos médicos engajados no nazismo.[9] Beecher era um médico anestesista que colecionava relatos de pesquisas científicas publicadas em periódicos internacionais que envolviam seres humanos em condições pouco respeitosas (as revistas das quais Beecher extraiu seus dados foram jornais de grande prestígio internacional, tais como: *New England Journal of Medicine, Journal of Clinical Investigation, Journal of American Medical Association, Circulation*). Da compilação original de cinqüenta artigos, Beecher publicou, em *Ethics and clinical research*, 22 relatos de pesquisas realizadas com recursos provenientes de

---

9. Beecher, Henry. "Ethics and clinical research." *The New England Journal of Medicine*, 16 jun. 1966, pp. 1354-60. Para a discussão sobre Beecher e a crítica à ciência, ver Diniz, Débora. "Henry Beecher e a história da bioética." In: *Bioética: ensaios*. Brasília, Letras Livres, 2001.

instituições governamentais e companhias de medicamentos, em que os alvos de pesquisa eram os tradicionalmente tidos como sub-humanos:[10] internos em hospitais de caridade, adultos com deficiências mentais, crianças com retardos mentais, idosos, pacientes psiquiátricos, recém-nascidos, presidiários, enfim, pessoas incapazes de assumir uma atitude moralmente ativa diante do pesquisador e do experimento.[11]

Alguns exemplos perversos de pesquisas, conhecidos na literatura médica pelo ordenamento numérico original de Beecher, ficaram famosos. Exemplo 2: consistia na retirada intencional do tratamento à base de penicilina em operários com infecções por estreptococos, a fim de ser possível estudar meios alternativos de prever as complicações. O fato é que os homens não sabiam que estavam sendo submetidos a um experimento, e o risco de contrair a febre reumática era altíssimo, a tal ponto que 25 deles desenvolveram a doença. Exemplo 16: a pesquisa exigia a inoculação intencional do vírus da hepatite em indivíduos institucionalizados por retardo mental, para que se pudesse acompanhar a etiologia da doença. Exemplo 17: médicos-pesquisadores injetaram células vivas de câncer em 22 pacientes idosos e senis, todos na condição de hospitalizados, sem comunicá-los que as células eram cancerígenas, com o objetivo de acompanhar as respostas imunológicas do organismo.

Em conseqüência destes e de outros exemplos de má pesquisa científica, Beecher constatou que, de cem pesquisas que envolviam humanos, publicadas no decorrer de 1964 em um excelente periódico científico, um quarto delas apresentava maustratos ou violações éticas, em relação aos sujeitos ou à condução dos protocolos. O fato era que o crescente aumento dos recursos disponíveis para pesquisa com humanos não se fez acompanhar de uma responsabilidade moral equivalente por parte dos pesquisadores. O surgimento do pesquisador médico como profissão e, conseqüentemente, o aumento da pressão e da ambição de jovens médicos, que precisavam mostrar sua competência para

---

10. Das 22 pesquisas, catorze foram desenvolvidas em centros universitários estadunidenses.

11. Beecher, Henry, op. cit., pp. 1354-60.

ser promovidos, tiveram como resultado a cisão entre os interesses da ciência e os dos pacientes, contribuindo para o agravamento da situação. Mesmo em um período pós-guerra, manteve-se a referência à ética utilitarista como justificativa para a experimentação científica com humanos. Em parte, esse fenômeno se justificava porque as possibilidades de benefícios eram consideradas bem maiores que os prejuízos, mas também porque, regra geral, não havia discursos sociais contrários a tal tipo de ética em relação à pesquisa científica.

Além dos maus-tratos com os sujeitos de pesquisa, a análise de Beecher permitiu o desvendamento de outro dado impressionante: dos cinqüenta artigos compilados originalmente para o estudo, apenas dois deles apresentavam, como parte do protocolo de pesquisa, o termo de consentimento dos sujeitos participantes do experimento. Diante desse dado, Beecher propunha que toda e qualquer experimentação com seres humanos deveria respeitar, primeiramente, a necessidade de obtenção do termo de consentimento informado e, em seguida, o compromisso do pesquisador em agir de forma responsável.[12] Foi assim que os números e os dados de Beecher, além do óbvio mérito denunciatório, tiveram um efeito secundário inesperado: demonstrou-se que *a imoralidade não era exclusiva dos médicos nazistas*, tal como os novos cientistas acreditavam. Definitivamente, Beecher conseguiu uma proeza de fazer inveja aos sensacionalistas modernos: trouxe o horror da imoralidade da ciência, dos confins dos campos de concentração, para o meio científico e acadêmico hegemônico.

Mas, independentemente da provocação irônica que os dados de Beecher sugerem em relação ao autoritarismo ético que alguns pesquisadores se arrogam em nome da ciência, a compilação dos abusos em pesquisa desencadeou outro tipo de análise, além, é claro, do assombro original provocado pela denúncia. Vale conferir a mais interessante delas, sugerida por Rothman:

---

12. Beecher, Henry K. "Ethics and clinical research." *The New England Journal of Medicine*, vol. 274, nº 24 jun. 1996, p. 1360. A opção de manter o termo "consentimento informado" em contraposição à terminologia adotada no Brasil, "consentimento livre e esclarecido", se deve ao fato de este ter sido o termo originalmente utilizado pelo autor.

[...] O julgamento dos médicos nazistas em Nuremberg, por exemplo, recebeu pouca cobertura da imprensa e, antes da década de 70, o próprio código raramente era citado ou discutido nas revistas médicas. Pesquisadores americanos e clínicos aparentemente consideravam Nuremberg irrelevante para seu próprio trabalho. Eles acreditavam (erroneamente, como mais tarde se demonstrou) que os experimentos bizarros e cruéis não haviam sido conduzidos por cientistas e médicos, mas por oficiais nazistas sádicos e, portanto, que pesquisadores dedicados não tinham nada a aprender da experiência [...].[13]

Ou seja, os tratados humanitários e de defesa dos direitos humanos assinados por inúmeros países, inclusive os Estados Unidos, não haviam ecoado na prática científica até os anos 70. As regras de controle, fossem elas policialescas ou de efeito moral, não eram para todos, apenas para os imorais, os perversos pesquisadores do continente. Era urgente, portanto, alguma forma de difusão dos princípios morais da cultura dos direitos humanos que não fosse apenas pela referência a tratados e convenções de caráter tão abstratos e distantes como estavam sendo Helsinki ou Nuremberg até aquele momento.

Somente para ter uma idéia de quanto os tratados humanitários de defesa dos interesses das populações vulneráveis não faziam sentido para a pesquisa biomédica estadunidense dos anos 70, o caso da pesquisa sobre a sífilis desenvolvida em Tuskegee, no Alabama, é um bom exemplo. O Caso Tuskegge, tal como ficou conhecida a pesquisa, é, seguramente, um dos exemplos mais perturbadores utilizados pelos bioeticistas como referência para os abusos realizados em nome da ciência e do progresso. A pesquisa era conduzida pelo Serviço de Saúde Pública dos Estados Unidos (U.S. Public Health Service – PHS), ou seja, um órgão sanitário oficial daquele país, e consistia em acompanhar o ciclo natural de evolução da sífilis em sujeitos infectados.

---

13. Rothman, David J., "Ethics and human experimentation: Henry Beecher revisited". *The New England Journal of Medicine*, vol. 317, nº 19, p. 1587.

Desde meados dos anos 30 até o início dos anos 70, quatrocentas pessoas negras portadoras da sífilis foram deixadas sem tratamento (utilizava-se apenas placebo), no intuito de se identificar a história natural da doença ou, nas palavras de Rothman, "[...] a desculpa esfarrapada dos dirigentes do PHS era de que com o advento dos antibióticos ninguém mais poderia tornar a traçar os efeitos de longo prazo da sífilis [...]".[14] Vale ser lembrado que a penicilina, medicamento fundamental para o tratamento da sífilis, já havia sido descoberta, e seu uso corrente no tratamento da enfermidade. O fato é que os participantes da pesquisa nem sequer foram informados que estavam sendo submetidos a um experimento, não lhes tendo sido oferecida tampouco a alternativa do tratamento convencional. A denúncia deste caso forçou o público a perceber que nem tudo estava moralmente correto no campo da ciência, da tecnologia e da medicina.

O terceiro evento que Jonsen seleciona como significativo para esta micro-história da bioética foi a resposta do público a outro e dramático avanço médico. Em 1967, Christian Barnard, um cirurgião cardíaco da África do Sul, transplantou um coração de uma pessoa quase morta em um paciente com doença cardíaca terminal.[15] Esse acontecimento provocou uma grande balbúrdia na mídia internacional. O nó da questão girava em torno da origem do órgão, pois a comunidade médica se perguntava como Barnard poderia garantir que o doador estaria *realmente morto* no momento do transplante. Essa situação levou a Escola Médica da Universidade de Harvard, em 1968, a procurar definir critérios para a morte cerebral, a fim de controlar casos semelhantes a estes de Barnard. Tais preceitos foram divulgados somente em 1975, todavia, ainda hoje, são as grandes referências para o debate internacional sobre morte encefálica. Para grande parte das pessoas, sejam elas profissionais de saúde ou mesmo leigas na medicina, o conceito de morte cerebral, apesar de não ter alcançado a unanimidade esperada, foi aceito como o modelo oficial de morte clínica.

---

14. Rothman, David, op. cit., p. 183.
15. Jonsen, Albert R., op. cit., pp. S1-S4.

Esta análise genealógica de Jonsen sobre a trajetória e o desenvolvimento da bioética alcança os anos 80 e 90, um período mais marcadamente definido pela institucionalização da disciplina. Segundo o autor, esta fácil e rápida difusão da bioética pelo mundo é uma resposta à angústia das sociedades em face das implicações políticas e sociais decorrentes do desenvolvimento da ciência, da tecnologia e da medicina. Por ser a bioética um campo disciplinar compromissado com o conflito moral no campo da saúde e da doença dos seres humanos e dos animais não-humanos, os temas bioéticos dizem respeito a situações de vida que nunca deixaram de estar em pauta na história da humanidade. Mudaram-se apenas certas especificidades em decorrência da tecnologia e do progresso da ciência. No entanto, a estrutura de pensamento que suporta a bioética, um discurso que visa garantir os interesses de grupos e indivíduos socialmente vulneráveis, aqueles imersos em quadros de hierarquia social que os impedem de agir livremente, é algo absolutamente novo no campo da teoria moral aplicada.

Talvez, no que se refira à pesquisa biomédica, um elemento decisivo para essa mudança de mentalidades tenha sido a formação de um discurso crítico com respeito à pesquisa científica, não se aceitando mais a premissa de que o desenvolvimento da ciência estaria acima de qualquer suspeita para o bem-estar e a saúde da humanidade. Começaram, portanto, a surgir dúvidas, fosse do ponto de vista ético, jurídico, econômico e mesmo político, sobre certos avanços relacionados à experimentação humana, ao controle comportamental, à engenharia genética, à saúde reprodutiva, ao transplante de órgãos, entre tantos outros temas, atualmente, analisados pela bioética.

Rothman sugere que tal situação abriu espaço para que uma mudança de atitudes surgisse no campo da medicina, da relação entre médicos e pacientes e nas instituições de saúde.[16] Esta foi, segundo o autor, uma revolução marcada pelo declínio da confiança nos médicos de família e de seus princípios morais baseados na ética da confidência (a chamada "ética à beira do leito"),

---

16. Rothman, David J., op. cit.

com o conseqüente fortalecimento das idéias de justiça e de prudência. O declínio da ética à beira do leito, um código moral marcado pelo autoritarismo moral do médico, marcou o nascimento de um período em que as referências morais do médico deveriam ser consideradas apenas como as suas preferências de bem-viver e não como a saída ética para o conflito. Foi assim que neste momento em que a

"[...] medicina estava cada vez melhor, mas os pacientes estavam cada vez pior [...]",

a ruptura com o padrão da ética à beira do leito, uma moralidade baseada nos princípios do juramento hipocrático, tradicionalmente ensinada aos jovens médicos ao lado do leito do paciente, permitiu o surgimento da bioética como uma instância mediadora e democrática para os conflitos morais.[17]

---

17. Rothman, David J., op. cit., p. 107.

CAPÍTULO 3

A Ética do Singular Universal no Psicodrama e na Psicoterapia de Grupo

Camila Salles Gonçalves

Para falar de *ética*, vou me referir algumas vezes aos primórdios do emprego de uma palavra que vem sendo mundialmente usada à exaustão. Mas, utilizando exemplos, pretendo abordar o campo da ética a partir de situações atuais. Creio que este procedimento permite utilizar exemplos e formular questões. Estas às vezes devem ser encaminhadas por meio de conceitos e introduzo o filosofar no momento em que este me parece necessário e esclarecedor. Se for efetivo, ao final do texto, o leitor poderá encontrar fundamentos para distinguir entre vários sentidos de *ética* e instrumentar sua crítica, isto é, seu exame das condições de possibilidade de uma ética do psicodrama e das psicoterapias de grupo, de uma ética de um grupo em psicoterapia, e de uma ética de um grupo em psicoterapia psicodramática.

Situações e questões

Nenhuma psicoterapia pode adotar uma ética advinda da filosofia ou da religião. A razão para isso está na impossibilidade de um método psicoterápico fundamentar-se sem uma concepção específica e própria da gênese da subjetividade, que se origine na prática. Por outro lado, não há modo de pensar a respeito do sujeito e dos grupos, de sua ação no mundo, desconhecendo a influência de idéias filosóficas, entretecidas na representação da vida intrapsíquica e na descrição das dinâmicas relacionais reveladas pelos métodos da psicoterapia. Para não prosseguir já em considerações abstratas, trago primeiro um registro de vivência, tão ao gosto dos psicodramatistas, terapeutas cuja formação é centrada na prática com grupos.

Décadas atrás, o grupo de colegas com o qual eu completava a formação na Sociedade de Psicodrama de São Paulo (SOPSP) passava, por opção própria, por uma experiência conjunta de psicodrama terapêutico. Além dessa experiência inédita, eu vivia outra, uma tragédia pessoal, que não cabe relatar aqui. Em meio a tais circunstâncias, havia uma sessão de terapia marcada e tínhamos concordado quanto à importância do comparecimento de todos. Faltei, porque esqueci. Quando me dei conta, supus que o grupo atribuiria essa ausência à minha hora trágica particular e a seus efeitos de transtorno do cotidiano. No encontro seguinte, apressei-me em desfazer a possibilidade de tal interpretação, admitindo o esquecimento. Fui surpreendida pela irrelevância que a informação confessa parecia ter aos olhos do grupo. Este manteve o propósito do que fora anteriormente combinado, reunir-se, entre uma sessão e outra, em minha casa, que era fora de mão para todos. Senti-me grata e acolhida. Todavia custei a entender que minha falha, a meu ver sem justificativa, inexistia, como tal, para o grupo, que enxergava melhor os impasses de meu momento de infelicidade.

Essa história, que certamente não foi bem assim, constitui apenas uma forma possível de lembrança. Para mim, tem o gosto de sorte dentro do azar, conforto na falta de sorte, ou seja, no mal-estar. Creio que a atitude do grupo, que me susteve, faz pensar em compaixão,[1] identificação, compreensão, solidariedade, coesão. Mas, antes de tentar penetrar na complexidade de relações designadas por essas palavras, quero me deter na indagação a respeito do móvel da ação grupal. Por que um grupo age em conjunto assim? Palavras, como essas listadas agora, não fazem

---

1. Pode ser útil, no contexto, a leitura de meu artigo "Compaixão e terror no psicodrama". In: *Revista Brasileira de Psicodrama*, vol. 3, fascículo 1, ano 1995, pp. 37-41.

com que uma investigação se inicie. Houve uma ação conjunta. Chame-se amparar, acolher, integrar, perdoar, *compartilhar com*, o membro do grupo que sofre abatimento. A única constatação imediata é a de que há um movimento grupal na situação descrita, cuja verossimilhança é dada pela ação coesa. Parece determinado, pelo menos em parte, por sentimentos que têm algo em comum. Antes de verificarmos o grau de obviedade da pressuposição de identificações e/ou compartilhamentos, cabe perguntar em que âmbito se dá a ação grupal. Parece que o acordo que a possibilita resulta de um costume, ou até o instaura, quando os membros do grupo recebem ou passam a contar com uma resposta semelhante àquela que obtive.

Notamos, na descrição de minha experiência, a presença de uma *ética* grupal. Pode corresponder a um costume, a um comportamento cuja repetição parece a todos desejável, elemento talvez essencial no significado de uma ética psicodramática. Mas, se esta existe e é vigente em um grupo, não creio que possa se referir apenas àquilo que é de praxe, nem, muito menos, a um conjunto de dogmas. Normas preestabelecidas determinariam uma contradição que inviabilizaria uma ética condizente com o método, que visa propiciar, ao grupo, condições de rever o preestabelecido.

Cabe então perguntar primeiro se existe uma ética *do* psicodrama e *da* psicoterapia de grupo, anterior a situações e grupos particulares, integrada no método universal dessas modalidades terapêuticas. Se ela é possível. Se pode ser reconhecida no método e nas técnicas psicodramáticas e se está presente, ainda que em questão (ou sobretudo em questão), nas instituições que transmitem a formação em psicodrama. Reiniciemos pois a investigação, examinando o método. O método do psicodrama é via de acesso a transformações psíquicas e relacionais, fundamentado no pressuposto de Moreno, de que essas transformações constituem uma revolução criadora. Ora, uma revolução é um movimento que abala o estabelecido, que altera o rumo e o ritmo da História. Não ocorre sem sobressalto, como diria o conselheiro Acácio. Não é movimento suave, manso. É ruptura, desconforto, paixão. Esta alteração violenta é considerada criadora na medida em que restitui a grupos e a indivíduos a capacidade de inventar formas de lidar com demandas e impasses socioexistenciais. Dito de outro modo, é uma via disruptiva de resgate do modo de ser criativo nas relações que, segundo a concepção moreniana, constitui o modo de ser *propriamente* humano.

Um modo de ser *propriamente* humano é criar a cultura, sua *conditio sine qua non* e, com ela, tanto leques de possibilidades quanto interdições. Para Moreno, criador do psicodrama e da psicoterapia de grupo, a revolução criadora busca um resgate das origens. Assim como Rousseau apresentara a imagem de um homem no estado de natureza, Moreno concebia um tempo originário mítico, em que o homem regeria seus vínculos com plena espontaneidade e não encontraria obstáculos à criatividade. O tempo do nascimento reencontraria a espontaneidade ideal e um potencial criativo ótimo. Por isso consta de escritos morenianos que somos *gênios* ao nascer.

O artifício metodológico rousseauniano consistiu em contrapor a imagem de um bom selvagem à do homem submetido, pela sociedade (no caso, a sociedade do século XVIII), a um processo civilizatório que conduz à cisão entre o *ser* e o *parecer*. Em especial no seu *Segundo discurso* sobre as ciências e as artes (1753), Rousseau faz

um ataque virulento contra a civilização: o excesso de ciência e arte acaba por corromper o homem, tornando-o hipócrita, acentuando e generalizando o seu egoísmo, jogando uns indivíduos contra os outros e, nessa corrida insaciável por mais comodidades, levando-os a se enredar em uma cadeia infernal de relações de submissão.[2]

---

2. Em vários momentos deste pequeno artigo, optei por não exibir textos originais de filófosos citados, o que o tornaria desnecessariamente complexo, preferindo inserir esclarecimentos propiciados por outros filósofos, comentadores especialistas, do Departamento de Filosofia da Universidade de São Paulo, que escreveram obras introdutórias, acessíveis a estudantes e ao grande público. A citação acima, feita segundo esse critério, é de Fortes, Luiz Roberto Salinas (1937-1987), *O bom selvagem – Rousseau*. Col. Prazer em Conhecer, São Paulo, FTD, 1989, p. 41.

Também voltado para a crítica da sociedade, no recente século XX, Moreno nela incluía as psicoterapias que, sem focalizar os vínculos interindividuais de modo suficiente, teriam deixado de lado a crítica dos obstáculos ao desenvolvimento dos papéis criativos e espontâneos. A idéia de revolução criadora permeia tanto sua visão de psicoterapia de grupo quanto projetos de intervenção na sociedade, abrangidos por uma ciência ideal, a socionomia, que compreenderia também a sociatria, tratamento e cura da sociedade. A revolução criadora consistiria no rompimento com padrões de comportamento estereotipados e com valores introjetados sem crítica.

Ao que tudo indica, pensar no que é próprio do ser do homem, pensar na existência, é pensar em contradições. A existência só se dá dentro da cultura e portanto só se falseia, foge de si mesma, *coisifica-se*, dentro dela. Em termos morenianos, a *alienação*, a negação ou o afastamento do próprio modo de ser em prol de um modo de ser *alheio* é a submissão à conserva cultural. Essa submissão, que Moreno desejava combater, implica muito mais do que o sugerido pelo exemplo que ele nos dá, de uma atitude deslumbrada diante de pirâmides ou de outros monumentos, maravilhas feitas pelo homem criador, investidas do poder de escravizá-lo. Com efeito, não é apenas na existência (auto) aniquiladoramente respeitosa, diante de enormes obras, erigidas por sua criatividade, que o ser do homem se perde de si mesmo. Seu modo de ser, que é ser espontâneo, equivale a uma impossibilidade ontológica de contar com um destino traçado definitivamente. Escolher a aparência, assim como a adesão prévia de um *script* para ser no mundo, segundo a psicopatologia minimalista de Moreno, acarretaria *ansiedade*, sinal de que há *papéis não vividos*, pressionando o sujeito que tenta *não* se descobrir em novos papéis e novas ações. Nesse caso, a ansiedade (ou angústia) permeia as instituições culturais e sociais, cuja argamassa visa ao definitivo e ao perene. Mas, por outro lado, é preciso reconhecer que Moreno não deu relevância aos modos pelos quais a mortalidade, nosso *ser mortal*, muitas vezes nos amedronta. Tendemos a não tomar conhecimento de nossa ilusão de imortalidade e nossa *transitoriedade* não se dá facilmente para a intuição, muito menos com poder imediato de afastar a angústia.

A transmissão de papéis sociais está relacionada com a *sobrevivência* de uma cultura, de uma sociedade, e também com a ilusão, coletiva ou singular, de destino resolvido, integrado no eterno, a salvo de escolhas cruciais.

Um lugar-comum, surgido pelo menos dois séculos atrás, relacionava a precisão e a sutileza da relojoaria suíça com uma tradição de papéis profissionais, que passavam de pai para filho. O sonho de eficiência estaria projetado, aí, na continuidade transgeracional de papéis. Meu interesse por este exemplo não se liga a conjecturar a respeito de sua consistência empírica, antropológica e sociológica, mas a pensar na repercussão psíquica de imagens de míticas aldeias, onde o destino farto é ajustado sem falhas. No século XXI, predominam outros modelos de precisão e de sucesso nos empreendimentos. Se houvesse confronto direto da tecnologia digital com aquele *status quo* idílico, teríamos uma saga de outros lugares-comuns, uma moral da história sugerindo a fragilidade, se não o aspecto nefasto, dos desfechos tomados como definitivos. Transformam-se os modelos das máquinas, os princípios que regem seu funcionamento e as metáforas do desempenho efetivo dos papéis sociais. Conjecturo que mitos relacionados com a precisão e a eficácia de papéis sociais, facilmente, sustentam a crença de que é necessário e possível um traçado definitivo e seguro, sobretudo profissional, para alcançar a felicidade. Idéias de Freud e de Moreno abalaram essa e outras crenças, propagando-se no terreno da Ética.

Alguma História

A idéia de felicidade sempre esteve associada ao estabelecimento de normas de conduta ou modos de colocar-se no mundo, material ou imaterial, que tornassem possível alcançar sua realização. Já os Sete Sábios da Grécia (século VI a.C.), situados por historiadores num suposto *início* da filosofia – seu pensamento se despregava da religião, todavia ainda não separava a indagação filosófica de certas tradições populares —, eram chamados *os moralistas*. Ter-se-iam dedicado sobretudo ao problema da condução da vida e quase todos teriam sido legisladores. Mesmo

Tales, da escola de Mileto, primeiro grupo de filósofos identificados como tais, que se preocupavam em determinar a matéria única da qual teriam saído todas as coisas, deixou, como outros, seus *apophthegmas* ou preceitos morais. À escola de Mileto seguiu-se o movimento do pitagorismo. A seu fundador, Pitágoras, deveríamos, além das indagações e das investigações em aritmética, geometria, física e cosmologia, "conselhos morais muito conhecidos".[3]

O domínio da ética tornou-se nitidamente polêmico a partir dos sofistas. Predecessores imediatos de Sócrates, seu prestígio se atribuiu em boa parte à função política da argumentação e suas técnicas de persuasão teriam fortalecido o subjetivismo moral. É importante distinguir esse *subjetismo*, das éticas que consideram o *singular* de cada *subjetividade*; ou seja, das éticas que visam o reconhecimento das particularidades de cada sujeito e que podem incluir ou não, a abordagem *de valores desejáveis universalmente*. A Sócrates atribui-se o mérito de ter fundado a *ciência moral* e de ter desmontado os ardis da linguagem sofística que, entre outros efeitos, teria confundido o sentido das virtudes necessárias ao exercício da cidadania. Nos *diálogos* de Platão, ele é apresentado ora predominantemente com características próprias, ora praticando a maiêutica em vista de atingir a definição de virtudes ou valores necessários para a fundação da *república* ideal platônica. A história da filosofia permite-nos assim constatar que a exigência de coerência e transparência na linguagem política está relacionada com o surgimento da lógica e com a intensificação das indagações no campo da ética. Para Aristóteles, que desmontou os sofismas, "a ética é parte da ciência política e lhe serve de introdução. O objetivo da ética seria então determinar qual é o bem supremo para as criaturas humanas (a felicidade) e qual é a finalidade da vida humana (fruir esta felicidade da maneira mais elevada)".[4]

---

3. Voilquin, Jean. *Les penseurs grecs avan Socrate – de Thalès de Milet à Prodicos*. Paris, Garnier–Flammarion, 1964, p. 45.

4. Gama Kury, Mário da. "Introdução." In: Aristóteles: *Ética a Nicômanos*. Brasília, Editora Universidade de Brasília, c1985.

Com essas breves alusões históricas, pretendo indicar que o pensamento a respeito dos *costumes* e do comportamento dos cidadãos, está presente desde o surgimento da filosofia. Tentava-se então definir o que era *éthikos*, atinente à conduta e suscetível de avaliação positiva ou não. O substantivo (feminino) *Moral* tem, desde o início, os sentidos de (1) conjunto dos costumes consagrados (*mores*), de (2) objeto da Ética, e, é também usado como (3) sinônimo de *Ética, ciência da moral* ou da *conduta*. A essa ciência, na filosofia clássica, atribuíam-se principalmente dois sentidos que se alternavam e complementavam: ciência que investiga a adequação da conduta à finalidade e avalia as humanas condições, os meios para atingi-la, ou, ciência que procura definir a própria finalidade, por exemplo, a felicidade, o Supremo Bem etc. Não creio que esses sentidos estejam hoje inteiramente suprimidos do domínio da ética.

Não pretendo ir além em relação à história da ética e à da filosofia, da qual ela faz parte, pois isso só nos levaria a reduções inúteis. Mas, segundo a intenção introdutória destas referências, convém assinalar que, ao propor um método relacionado com o existencialismo contemporâneo, o pensamento de Moreno surgiu no clima intelectual gerado em boa parte por vertentes filosóficas românticas, para as quais a *Ética* é entendida como *filosofia da ação*. A frase de Goethe, no Fausto, "No princípio era a ação", foi adotada como lema por escritores e poetas de sua geração e constitui uma espécie de pano de fundo do pensamento de Moreno.

Retomando questões

Vários sentidos de *ético* podem ser utilizados para pensar no movimento do grupo, descrito no exemplo, que se deslocou para tornar-se presente para um membro faltoso infelicitado. A ação grupal parece ter ocorrido num momento de unidade constitutiva, do qual o acolher fez parte. Se essa atitude procede de um costume, ele, por sua vez, pode provir de uma adesão a uma *moral do compartilhar*. Pode ter-se formado já na origem, de uma moral constituída por ocasião da formação dos primeiros grupos de psicodramatistas. Pode estar amarrada a um credo. Nesse caso, um credo que, por definição, leva a adotar sem questionamento certos princípios morais, pode estar-se mantendo como *conserva cultural* herdada dos primeiros grupos de fundadores. Estes ter-se-iam institucionalizado e inscrito a necessidade de seguir sua ética nas instituições formadoras. A *moral do compartilhar* pode ter-se constituído como uma conserva cultural de caráter dogmático, forçando a adesão a ela por parte de todos os aspirantes a psicodramatistas. Estes teriam de *ter* uma ética da qual ela faria parte, tal como *têm* uma ética os médicos que fazem o juramento de Hipócrates.

Com efeito, Moreno pronunciou-se a esse respeito, como esclarece Wilson Castello de Almeida, mas não transformou o *compartilhar* em mandamento. O que

> Moreno propôs (foi) o *juramento do grupo*, que devia ser cumprido no decorrer da formação grupal, em contrapartida do *juramento hipocrático*. Os participantes do grupo seriam levados, progressivamente, em momentos oportunos, a compreender sua responsabilidade para com os sentimentos do outro, a cuidar da relação entre os companheiros, a zelar pelo não-vazamento de notícias sobre a dinâmica interna do grupo e suas vivências catárticas, enfim, seriam sensibilizados a externar uma conduta leal e honrosa de cada um para com todos.[5]

Acrescentemos que nada do que é exposto como conteúdo desse juramento parece indesejável. Contudo, nele notamos também o prenúncio de contradições, que fazem parte da história dos grupos, que por sua vez fazem parte da História. O que surge como inovador, por ocasião da formação do grupo, transforma-se depois em conjunto de normas que se pode tornar impositivo. Se houve um primeiro grupo, reunido em torno de Moreno, podemos imaginar que se tornou um grupo *juramentado*, zeloso de suas conquistas no terreno da ética, cuidando de sua preservação. Não teria escapado a contradições, dando início a uma prática conservadora e talvez impositiva de *uma moral*.

---

5. Almeida, Wilson Castello de. *Moreno: encontro existencial com as psicoterapias*. São Paulo, Ágora, 1991, p. 72.

Admitamos que o costume dita normas, o contorno de papéis sociais e de seu respectivo prestígio, até que algum tipo de revolução irrompa, política, industrial, tecnológica, estimulada pela utopia, como talvez seja o caso da revolução criadora. Parece que este início de reflexão nos conduziu à necessidade de distinguir entre ética (1) conjunto de princípios universais; (2) conjunto de princípios que norteiam uma prática profissional específica; (3) de modos de conduta de um grupo; e (4) moral dominante.

Se os psicodramatistas do grupo, que tomei primeiro como exemplo, foram *compreensivos* comigo porque a ética de todo profissional de psicodrama assim preconiza, talvez se trate do segundo caso (2), de ação segundo princípios considerados válidos para *todas* as ações do mesmo tipo. Sua resposta pode também assemelhar-se a uma atitude adotada por princípio moral ou religioso – (1) ou (4) –, seja qual for seu significado afetivo subjetivo em cada caso particular. Mas, admitamos que se trate de uma atitude que todo psicodramatista *deva* adotar, a de não excluir nem censurar um membro do grupo, antes de uma avaliação psicológica ou oportunidade de percepção *télica*[6] de seu comportamento. Nesse caso, trata-se de uma *postura ética* do grupo, de ter uma prática condizente com a *ética profissional* (2), isto é, com um conjunto de preceitos que devem ser seguidos para manter a confiabilidade do profissional e impedir a deturpação dos meios e dos objetivos de sua prática. Então, essa ética é determinada por critérios que podem ser analisados e avaliados.[7] Nada tem de convicção religiosa. Corresponde a um código compreensível, explicitável. É claro que o fato de assim podermos situar tal ética não elimina questionamentos a que pode e deve ser submetida. É institucionalizada, trata-se de conserva cultural. Sua alteração é possível, mas provavelmente

---

6. No vocabulário técnico psicodramático, *tele* significa percepção objetiva a distância, determinada por um tipo de sensibilidade inata, uma abertura para outrem, capaz também de captar a sensibilidade de outrem.

7. A respeito de ética profissional e psicodrama, sugiro a leitura de Perazzo, Sergio, "Uma encruzilhada ética". *Revista Brasileira de Psicodrama*, vol. 4, fascículo I, 1996.

trabalhosa como a alteração da *Constituição* de um país, mesmo se não considerarmos a possibilidade de apego irracional ao costume, nem a de ela estar servindo ao poder de certos grupos, aos quais interessaria a manutenção do *status quo*. Mas, respondendo a nossas indagações iniciais, nesse caso distingue-se claramente de uma ética própria de um grupo. Não obstante, trata-se de uma ética do psicodrama e da psicoterapia de grupo, seguida por um grupo determinado, do modo que seria desejável que todos os grupos o fizessem. Cumpriria a função do *juramento* imaginado por Moreno. Difere da moral vigente na sociedade, na medida em que, mesmo se esta a inclui e mantém, foi constituída num momento em que pensar a respeito dela se fez necessário. Se esse pensamento foi suficientemente crítico ou não, é uma outra história. No entanto, cabe ainda conjecturar que a atitude do grupo do qual eu fazia parte pode ter correspondido a um posicionamento ético originado no próprio grupo. Então, é preciso perguntar como pode existir ou *vir a ser* a ética *de um* grupo. Antes de qualquer tentativa de resposta, é necessário esclarecer o que se entende por *grupo*. Com certeza, *grupo* não é sinônimo de ajuntamento de pessoas.

Uma concepção ética e dialética de grupo

Quando se trata de pensar em grupos, inspiro-me em Jean-Paul Sartre. Afinal, foi ele o pensador que investigou o movimento dos grupos integrando o movimento da História, na *Crítica da razão dialética*.[8] Por outro lado, muito antes dessa obra, já

---

8. Sartre, Jean-Paul. *Critique de la raison dialectique*. Paris, Gallimard, 1967 (publicada pela primeira vez em 1960). Comentei a gênese dos grupos, tal como é concebida nessa obra, relacionando-a com o projeto de *psicanálise existencial*, em *Desilusão e história na psicanálise de Jean-Paul Sartre*, São Paulo, Nova Alexandria, 1994. Há uma resenha desse livro, da autoria de Marília Marino, na *Revista Brasileira de Psicodrama*, vol. 5, nº 2, 1997. Na mesma revista, vol. 7, nº 2, 1999, Carlos Rubini faz uma competente apresentação didática da dialética sartriana dos grupos, dirigida a psicodramatistas.

em *O ser e o nada* (1943) sua filosofia tinha como foco central a questão do *valor*. O próprio projeto de criar uma *psicanálise existencial*, aí apresentado, já visava substituir qualquer pretensão, de incorporar princípios éticos de filosofias, por um método que permitisse ao sujeito tomar conhecimento de si e de seus modos de enganar a si mesmo. Sartre soube distinguir com clareza a dimensão ética, que uma nova psicanálise, advinda da filosofia, permitiria desvendar, de "prescrições morais" pretensamente fundamentadas em filosofias. Essa distinção, feita por ele, pode ser muito útil para os psicoterapeutas, mesmo que seu projeto de psicanálise não nos interesse diretamente. Aqui, permite que a questão em foco, da ética no psicodrama e na psicoterapia de grupo, encontre uma forma de delineamento mais precisa.

Na última fase do pensamento sartriano a respeito da Ética, a ação deve ser referida ao movimento dialético da História. Os grupos integram o movimento de *totalização histórica*, mas não devem ser dissolvidos por uma análise pretensamente filosófica que aplica aos acontecimentos esquemas abstratos (subprodutos de um marxismo deturpado) forjados *a priori*. Para falar do movimento dialético dos grupos, utilizo-me da simplicidade de um exemplo, apresentado pelo próprio filósofo, que traz a imagem de pessoas anônimas numa fila de ônibus. Cada uma está lá, entregue à suspensão da ação individual, à passividade. Não há vínculo entre os indivíduos que se *aglomeram* e não há ação conjunta. Cada um é idêntico ao outro, na medida em que todos esperam.

Estão aglutinados como meros elementos, como moléculas idênticas e intercambiáveis. São exemplares indiferenciados de uma mesma espera, que não é um fato vivido em comum; trata-se apenas de experiências separadas e isoladas. Há uma inércia material. A estrutura inerte determina a prática da aglomeração, que se dispõe em série. Na série aritmética, todos os números inteiros podem ser subsumidos pelo mesmo conceito, apresentam a mesma característica, de poderem ser representados pelo símbolo $n+1$. Na fila, os indivíduos dispõem-se em *unidade serial*, premidos pela necessidade, que é a única coisa que têm em comum. Todos esperam o ônibus e cada um se coloca como se tomasse um número de ordem. Cada um faz o que faz o outro, submetido à exigência *prático-inerte* do *aglomerado*. Não existe *grupo*.

Um grupo só pode nascer definindo-se pelo empreendimento de uma ação e por um movimento de integração que é a *práxis* capaz de suprimir a inércia. *Alienação* é o modo serial da coexistência. Só o grupo pode superá-lo. O grupo constitui-se como negação da impotência, isto é, da *serialidade*. Em relação à situação *prático-inerte*, seu surgimento equivale a um transtorno do coletivo passivo. Neste, cada um é impotente para suprimir diferenças. Diante do *outro*, o ato de um indivíduo arrisca-se a constituir apenas uma iniciativa tida como louca, que cai no vazio, ou inócua, limitada ou anulada pela indiferença. Somente o grupo pode realizar a *práxis*, ação comum que supera o desvalimento da serialidade.

Num quadro de escassez, por exemplo, seja por *agudização*, o grupo surge transformando as estruturas existentes na sociedade. Em atitude revolucionária, o grupo em *fusão* equivale ao momento em que cada um se reconhece, *como agente*, no objetivo comum. Eclode como *paixão*, em luta contra a inércia prática. O indivíduo *vem a ser* no *ser-grupo* que se totaliza. O conceito de *totalização* compreende o movimento da História em curso; é oposto à idéia de que o grupo pode, sem deixar de ser grupo, tornar-se uma *totalidade*, um todo completo, pleno, fechado, morto para a ação. O grupo vem a ser se *totalizando* e é portanto irredutível, não equivale à soma dos elementos que o compõem. O grupo vem a ser a partir de uma necessidade ou de um perigo comum, mas o que decide sua constituição, o que o torna efetivo é a *comunidade*, o fato de a necessidade individual ser vivida como comum. Note-se o modo pelo qual, nessa concepção, ética e dialética são indissociáveis. Um exemplo claro é a interpretação sartriana de um fato da Revolução Francesa. Ameaçado o Quartier de Saint-Aintoine, entre 13 e 14 de julho de 1789, a população uniu-se em atitude beligerante contra as tropas reais, com a participação ativa de todos. O fato ilustra o *grupo em fusão*, em que cada um se reconhece no objetivo comum, seja este uma luta por defender-se ou para salvar Paris. A *práxis* é realização de um e de *outro*. Sartre descreveu deste modo a manifestação política espontânea:

[...] no momento em que os manifestantes se reagrupam, cada um reencontra sua *práxis* no *outro*, que sai da outra rua e se reúne com o grupo em formação; somente na medida em que cada um é a livre origem de sua nova conduta, ele a reencontra no *outro*, não como *ser-outro*, mas como sua própria liberdade.

Cada um reconhece a si mesmo e a seus objetivos no *outro*:

Aqui aparece o primeiro *nós*, que é *prático* e não substancial, como livre ubiqüidade do eu, enquanto multiplicidade interiorizada. Não é que eu seja eu no *outro*; é que, na *práxis*, não há *outro*, há múltiplos *eu mesmo*.[9]

O método de investigação dos grupos criado e utilizado por Sartre nada tem que ver com estudos de dinâmica *psicológica* dos grupos. No entanto, inspirou abordagens psicológicas. Anzieu e Martin,[10] sem psicologizar a perspectiva dialética de Sartre, incluem sua abordagem na resenha histórica das contribuições para o conceito de *grupo*, com obras de literatura e de psicologia social. Em atitude contrastante, há um pequeno livro[11] que tenta mostrar que as idéias de Sartre sobre a evolução dos grupos podem ser utilizadas para a análise de um *training group*. De minha parte, não creio que exista, na dinâmica psicoterápica, um movimento efetivo de grupo que corresponda às figuras da dialética sartriana.

Quanto ao psicodrama, trata-se de uma forma de psicoterapia que se viabiliza por agir no âmbito da imaginação. No sociodrama, psicodrama em que o sujeito é o grupo, este pode dramatizar situações, num movimento que evoca o movimento real e concreto da História, mas que se dá no *como se*, no

---

9. Sartre, Jean-Paul. *Critique de la raison dialéctique*. Paris, Gallimard, 1974, tomo I, pp. 418-20.

10. Anzieu, D. e Martin, J. Y. *La dynamique des groupes restreints*. Paris, Presses Universitaires de France, 1969.

11. Rosenfeld, David. *Sartre y la psicoterapia de los grupos*. Buenos Aires, Paidós, 1969.

faz-de-conta. A vivência imaginária de *múltiplos eus* que o grupo pode ter no momento mágico da dramatização não equivale a acontecimentos reais da História. No terreno do imaginário, a História está suspensa, é evocada como um *universo ausente*. É só na fase de *psicoterapia de grupo propriamente dita*, dentro do psicodrama ou do sociodrama que o grupo vivencia sua *comunidade* factual, *aqui e agora*. Mesmo assim, ele está reunido num lugar determinado como uma espécie de fora do mundo, num teatro, numa sala de consultório ou de outra instituição. O mundo é apenas seu pano de fundo.

Para ficar mais claro em que medida a imaginação não reproduz aquilo que concretamente existe e está ausente, é preciso levar em conta a especificidade de seu poder. Segundo os estudos sartrianos da *consciência imaginante,* esta, de modo algum pode ser entendida como semelhante à *consciência perceptiva.* A consciência que possibilita o surgimento da *imagem* tem um modo de existência muito particular. O exemplo mais simples e famoso, que podemos usar para sugeri-la, é o da evocação *em imagem* de uma pessoa. Quando *imagino* Pedro, minha consciência imaginante tem o poder de reunir uma série de momentos passados, de perfis (*aparições* ou modos de aparecer) diversos, em posturas e enquadramentos diferentes: no dia de Natal, na nossa infância, de perfil, de pé, só o busto etc. Realizo uma síntese em que sua identidade está mantida, mas que é incompatível com sua presença concreta. Esta não pode ser apreendida pela *percepção* como antes e depois simultaneamente, de frente e de costas, por inteiro e como um busto, ao mesmo tempo.

As pessoas do "mundo interno" que aparecem no contexto dramático do psicodrama são evocadas pela imaginação. A suposta concretude a elas emprestada por egos-auxiliares atores às vezes nos deixa confusos em relação a essa afirmação. Com efeito, os atores têm sua marcação espacial no cenário, empostação e gesticulação indicadas pelo protagonista ou pelo diretor. Em terapia psicodramática, a parte do grupo que se mantém como platéia vê o desenrolar do drama, *percebe* características e posturas dos papéis psicodramáticos desempenhados por atores presentes (egos-auxiliares). A imaginação é usada para que a encenação se crie, mas o que é posto em cena e se *percebe* é acrescido do posto em cena pela *consciência imaginante* do protagonista. Esta pode se servir do *aquecimento*, dos papéis psicodramáticos, dos *cabides* que são os atores, das propostas da direção, para trazer para si *imagens*; e é envolta por estas que ocorre a *vivência*. Penso que, no psicodrama, tudo se passa como se houvesse um acordo tácito dos envolvidos para *con-vocar* conjuntamente sua *consciência imaginante*, cada um ativando a sua, pondo em ação o que é essencialmente *inobservável*. A fase de comentários, após a dramatização, é psicoterapia de grupo. A psicoterapia de grupo, seja independente, seja parte da psicoterapia psicodramática, já não se funda essencialmente na imaginação, na evocação de pessoas ou personagens ausentes. Ocorre de fato *aqui* e *agora*, determinada por relações perceptíveis (e até mensuráveis) entre as pessoas presentes em carne e osso.[12]

Segundo Moreno, por meio da dramatização, o público acompanha o modo pelo qual o protagonista estava "vinculado às criações alienadas de seu espírito" e testemunha sua *performance*, seus esforços para pôr em ação sua espontaneidade libertadora. Penso que a platéia pode reagir reconhecendo seu modo de ser e até se identificando com ele. Nesse caso, o protagonista confirma, em grau ótimo, sua função de *representante* de emoções, sentimentos, papéis almejados e conflitos presentes no grupo. Sua *ação* representa a ação que todos, em algum aspecto, *realizariam*. Coloco em itálico o verbo conjugado no futuro do pretérito (antigo condicional) porque este, a meu ver, é por excelência o tempo do imaginário, daquilo que não ocorreu e não tem indicação de que ocorrerá. Devo dizer agora esta digressão, sobre o que me parece essencial no psicodrama, a saber, o domínio da imaginação, tem o objetivo de mostrar que seria demasiado ingênuo considerar a ação psicodramática como algo da natureza da *práxis* colocada por uma filosofia da ação. Isso, mesmo levando em conta que a formulação sartriana traz concepções engenhosas que podem ser úteis numa transposição que vise nomear e designar certos fenômenos da constituição e do movimento dos grupos

---

12. Não exclui a transferência, em que estão presentes mecanismos inconscientes, tampouco associações imaginárias conscientes.

nas psicoterapias. Apenas como forma adaptada de narrar o que ocorre. Nada mais. Para que servem então outras referências à filosofia no percurso que vimos fazendo?

Em primeiro lugar, espero que sirvam para mostrar por que motivo penso que a Ética, campo de investigação filosófica, não tem mais sentido como um campo separado da crítica da História e da *práxis* política. Em segundo, para tirarmos proveito da engenhosidade conceitual sartriana, numa reflexão ética e profissional a respeito das psicoterapias de grupo. Parece-me recomendável que o terapeuta de grupo atente para o fato de que o conjunto de pessoas que ele reúne para a psicoterapia *não é* um grupo; pode vir ou não a tornar-se um grupo. O equívoco, de considerá-las desde o início um grupo, feriria a ética profissional, pois implicaria a prática de enganar pessoas. Dou um exemplo: se alguém é rejeitado pelo *ajuntamento* de indivíduos, e sai com o rótulo de *rejeitado pelo grupo*, está sendo vítima de um terrível engano. Não existe grupo e sim, talvez, um fantasma, fortalecido por uma condução teratogênica do aglomerado. Em terceiro lugar, as considerações que se referem a uma situação da Revolução Francesa servem para imaginarmos uma revolução criadora em curso, caracterizada pelo objetivo comum do grupo que se constitui e o modo pelo qual se dá a multiplicação de "eu-mesmo". Serve, assim, para lembrarmos que um grupo em psicoterapia não é uma associação evangélica. Se Moreno, em *As palavras do pai*,[13] falou de Amor e Bondade, com certeza, não propôs que o psicodrama ou a psicoterapia de grupo fosse o treino de virtudes vindas de uma Ética estabelecida *a priori*. Foi refletindo a respeito da parte da sessão que se realiza como "psicoterapia de grupo"[14] que ele reconheceu os sentimentos hostis, que se manifestam no grupo após a dramatização, possibilitando a "catarse grupal" e o processo terapêutico. O compartilhar *bonzinho* com os sentimentos do protagonista é uma prática engessada, que só leva à repetição de pseudopapéis virtuosos, gerados pela moral vigente impositiva e pela censura.

---

13. Moreno, Jacob Levy. *As palavras do pai*. Buenos Aires, Vancu, 1976.
14. Moreno, Jacob Levy. *Psicoterapia de grupo e psicodrama*. México, Fondo de Cultura Económica, 1966, p. 118.

A perspectiva dialética dá acuidade ao olhar que visa o movimento grupal. Vejo portanto ganhos em fazer dialogar a teoria psicodramática e as bases da psicoterapia de grupo com o pensamento de Sartre. Mas insisto em fazer a ressalva de que a ela é apenas a que escolhi, dentre várias, para refletir a respeito de *ética*. Além de Rousseau, cujas idéias foram parcialmente incorporadas por Moreno, como já mencionei, há outros filósofos cujo pensamento tem ressonância no terreno ético do psicodrama. Vale, por exemplo, assinalar que é impossível deixar de reconhecer, nas palavras de Moreno que conclamam para a revolução criadora,[15] certos ecos nietzschianos. Com efeito, subvertendo as éticas que estabeleciam mandamentos, ou combatendo os imperativos da moral kantiana, Nietzsche fundou uma moral provocadora, ressaltando o valor da vontade. Sua concepção inclui uma espécie de psicopatologia, de função axiológica, em que a *doença* ocupa um lugar de "contravalor" revelador de valores.[16] No adoecer, as forças, orgânicas e psicológicas, não canalizadas para a ação passam a produzir efeitos tóxicos, como no caso do indivíduo do tipo *ressentido*, que só age em função de excitações exteriores.

Apesar da referência aos filósofos, penso que nenhuma filosofia, seja de Espinosa, de Nietzsche, de Sartre, ou de quem quer que seja, pode regular ou indicar o rumo ou o caminho desejável de um grupo em psicoterapia. Se considero que a *Ética* de Espinosa combina com a postura ética de um psicodramatista, posso adotar sua idéia de Deus como substância única: "uma única substância constituindo o universo inteiro, e essa substância é eterna porque, nela, existir, ser e agir são uma só e mesma coisa".[17] É provável que, relendo o Moreno poeta, de *As palavras do pai*,

---

15. Sem esquecermos que até o título, *Evolução criadora*, da obra do filósofo Henri Bergson, lembra o nome "revolução criadora". Mas não pretendo me estender a respeito das idéias de Bergson também absorvidas parcialmente por Moreno. O assunto está suficientemente bem abordado em Naffah Neto, Alfredo, *Descolonizando o imaginário*. São Paulo, Brasiliense, 1979.

16. Assoun, Paul-Laurent. *Freud & Nietzsche – semelhanças e dessemelhanças*. São Paulo, Brasiliense, 1989, p. 228.

17. A formulação é de Chauí, Marilena de Souza. *Espinosa – uma filosofia da liberdade*. Col. Logos. São Paulo, Moderna, 1995, p. 417.

à luz dessa idéia, eu me surpreenda com tamanho efeito esclarecedor e é possível que me entusiasme com a possibilidade de aprofundar pensamentos entrevistos neste livro. Posso querer mergulhar na ética espinosista a qual rompeu com a tradição que opunha *liberdade* e *necessidade*. Essa oposição implicava transmitir uma imagem da liberdade humana como uma espécie de porta aberta para o perigo e para o pecado; a necessidade, complementarmente, era identificada com a autoridade de um Deus legislador voluntarioso, cujos desígnios não caberia ao homem compreender. A visão contraposta, de uma divindade que não obriga ao ignorantismo, não causa culpa, é compatível com a ação livre, pode ser extremamente bem-vinda ao ideário de uma *revolução criadora*. Porém, se pelas razões esboçadas, o psicodramatista se interessa pela filosofia de Espinosa, esta filosofia não serve para fazer *prescrições* para a prática, embora possa refinar seu espírito, enriquecer sua visão do mundo e alicerçar sua ética individual. Além disso, essa e outras filosofias propiciam recursos para formular as teorias psicoterápicas e narrar a gênese do sujeito. Quando o sujeito em situação é o grupo, a escrita narrativa sartriana nos traz meios para descrever a gênese do sujeito, seu surgimento e modos de existência. Assim, no caso do psicodrama, quando há protagonista individual, este é representante do grupo; o grupo, por sua vez, *é e não é* o sujeito e se mantém em questão. Há uma dialética em curso.

Axiodrama

Os escritos de Moreno têm poucas linhas a respeito do axiodrama,[18] sociodrama cujo tema são os valores, mas trazem

---

18. Definição formulada pela introdutora do psicodrama de adultos na França, em 1953: "[...] síntese do psicodrama e da ciência dos valores (termo moreniano), forma dramática dos valores éticos: verdade, justiça, beleza, piedade, perfeição, eternidade, paz (utilizado por Moreno *antes* do psicodrama *per se,* na sua forma que se tornou clássica desde 1932)" – Schützenberger, Anne-Ancelin. *O teatro da vida – psicodrama.* São Paulo, Duas Cidades, 1970, p. 148. Recomendo também a leitura de Zampieri, Ana Maria, in *Revista Brasileira de Psicodrama*, vol. 2, fascículo I, 1994.

questões cujo afastamento falsearia os fundamentos do método psicodramático. Para o autor, o psicodrama foi "uma resposta à crise axiológica de nossa época". A revolução criadora foi iniciada "como um novo modo de avaliar nosso sistema de valores".[19] Em sentido amplo, todo psicodrama e toda psicoterapia de grupo moreniana é um *axiodrama*. É preciso não esquecer que o método do psicodrama e da psicoterapia de grupo surgiu com a finalidade do desvelamento da espontaneidade e não, como o psicanalítico, visando à escuta do inconsciente. Relembremos que, por um caminho que se pretendia alternativo em relação ao da psicanálise, visava à manifestação da vontade que estivesse abafada, oculta e enfraquecida por imposições coercitivas e robotizadoras da sociedade. Na origem e no horizonte do posicionamento psicodramático está pois a idéia de que a *sponte*, vontade, uma vez liberta, restitui o sujeito a si mesmo; possibilita que ele supere conflitos decorrentes de sua incompatibilidade ontológica com papéis baseados na aparência, alienados de seu ser, ou seja, com *pseudopapéis*.

Em 1996, fui convidada para dirigir um *axiodrama* em um Encontro Regional de Psicodramatistas,[20] grande novidade, reconhecimento, enfim, de mínimas frases que pareciam ter permanecido apenas nos livros há décadas. Algumas dessas frases têm formulações problemáticas. Quando Moreno ressaltava o princípio de "reunir tudo em um" como significando *religare, reestabelecer ligações,* ele via na religião uma fonte da psicoterapia de grupo. Entretanto, admitia que a psicoterapia de grupo só poderia ser religiosa se estivesse inserta em "uma ordem universal estritamente delimitada, como a católica-cristã ou a indo-budista". Afirmava então que "à falta de tais sistemas, o psicoterapeuta de grupo tem de se enfrentar com os objetivos axiológicos que dominam o espírito da época e com sistemas de valores que se

---

19. Moreno, J. L. *Psicodrama*. Buenos Aires, Hormé-Paidós, 1961.

20. Encontro Regional de São Paulo, da Federação Brasileira de Psicodrama (Febrap). O convite foi feito por Mario Carezzato, então presidente da Sociedade de Psicodrama de São Paulo (SOPSP).

baseiam em premissas científicas".[21] Creio que na época em que me dispus a dirigir o primeiro axiodrama havia, por parte dos participantes do Encontro, uma intensa curiosidade a esse respeito. Iniciei o trabalho com os interessados, expondo o mote sartriano segundo o qual *o homem é o ser do valor, é o ser a partir do qual os valores vêm ao mundo*. Em seguida, falei das idéias de serialidade, *prático-inerte* e *paixão*. Tomei-as, experimentalmente, como ponto de partida que talvez permitisse a manifestação do espírito da nossa época. Parti da hipótese de que os presentes constituíam uma *série* de pessoas, que embora pudessem se conhecer em contextos profissionais, educacionais, e afetivos, dispunham-se ali numa espera, aguardando informações sobre axiodrama ou sua vez de entrar no espaço da vivência dramática. Se havia escassez, essa correspondia à falta de experiência com o *axiodrama*, que atingia a todos nós. Enfim, tratávamos de nos aglomerar em busca de informação e vivência.

As idéias, que expus iniciando a sessão, produziram efeitos. Inspirado por esse iniciador intelectual, o conjunto de participantes saiu suficientemente da inércia, constituindo-se como grupo para um teatro espontâneo. Se minha memória não distorce o que ocorreu, a dramatização representou pessoas que utilizavam um transporte coletivo, um trem. O drama foi, pois, inicialmente, um tanto ao pé da letra, imitou o exemplo dado na explanação. Não vejo desvantagem alguma nessa simplicidade. Pelo contrário, ela, antes de tudo, permitiu pôr à prova a eficácia do próprio exemplo. Além disso, teve o dom de unir o *valor*, evocado numa situação do dia-a-dia, de determinadas classes sociais paulistanas, com as considerações a respeito do pensamento sartriano. Explico-me: o grupo dramatizou espontaneamente duas situações interligadas: a de espera do trem que demora e a de mulheres que se sentiam molestadas dentro do veículo de transporte coletivo e exigiam *respeito*. Desempenhando papéis psicodramáticos, em que atuavam como usuários do coletivo, membros do grupo que assim se constituía, escolheram,

---

21. Moreno, J. L. *Psicoterapia de grupo y psicodrama*. México, Fondo de Cultura Económica, 1966, p. 15.

como uma espécie de lema, a frase *Respeito é bom e eu gosto.* Dramatizaram uma ação conjunta de revolta e transformação. Notemos, nesse *flash* da vivência psicodramática, que o grupo trouxe, no *faz-de-conta,* uma representação da complexidade histórica: teve início na negação do ser passivo na vida concreta, isto é, no vir-a-ser do grupo, e na manifestação da *comunidade* do *valor.* A singeleza da frase escolhida sugeriu a transformação da *série* de vítimas de insuficiência dos meios de transporte e de assédio em grupo-sujeito ativo e de cidadãos.

Que o leitor me permita agora outra digressão, pois recordar esse momento do axiodrama soa, hoje, como espécie de fantasia premonitória *a posteriori.* Afinal, recentemente, a experiência de alguns grupos de psicodramatistas de vanguarda,[22] de levar o psicodrama às ruas, inspirou e possibilitou o evento Psicodrama da Ética em 21 de março de 2001, que teve apoio da Federação Brasileira de Psicodrama (Febrap) e da prefeita de São Paulo. Um dos múltiplos axiodramas que houve levou colegas[23] a uma situação real e concreta muito semelhante à do *como se* a que acabo de me referir. Psicodramatistas realizaram na rua uma vivência e fizeram o seguinte relatório sintético:

Local: Largo da Batata. Como o largo é um terminal de ônibus, local de passagem, o número de participantes oscilou muito, de 25 a 100 pessoas. A dramatização escolhida foi a de um ônibus lotado de passageiros. Houve grande participação e os temas predominantes foram segurança, desemprego, transportes, limpeza, moradia e condições de vida. O público agradeceu muito a possibilidade de falar e ser ouvido e pediu a continuidade dessa atividade.

Note-se que apesar de a situação real estar, por assim dizer, muito próxima, a intervenção deu-se no imaginário, por meio da

---

22. Como é o caso do grupo *Extra muros,* fundado e coordenado por Regina Fourneaut Monteiro, em São Paulo.

23. José R. Wolff e Luís Altenfelder (diretores), Carolina Oliveira Costa, Clarice Steinbruck, Marcia Pereira Barreto, Marcos Junqueira Wolff e Plínio Luiz K. Montagna (egos-auxiliares).

dramatização. *Dramatizaram* um ônibus cheio de passageiros. E se fosse "tudo de verdade"? Bem, creio que seria outra *História*. Seria a prática disruptiva. Talvez por medo disso, por falta de compreensão, ou por medo das conseqüências de aglomerados tornarem-se grupos, alguns setores da imprensa tenham tentado minimizar e confundir o sentido do evento. Por exemplo, uma manchete de jornal trouxe: "O dia em que a cidade foi parar no divã".[24] Além de produzida pelo desejo de atrair pelo insólito, a frase é forjada pela recusa em reconhecer a especificidade da prática psicodramática. Apresenta-a como *non sense* inócuo, atividade sem conseqüências, numa cidade em que se convocam séries de indivíduos inertes, *deitados*.

A *Pietà* ibero-americana de Salamanca

Um ano depois, tive outra oportunidade memorável. Fui designada, pela comissão científica brasileira[25] do I Congresso Ibero-americano de Psicodrama (1997),[26] para dirigir um axiodrama. A organização me agraciou com o espaço da sala de música, a sala Salinas, no prédio mais antigo que sedia a Universidade de Salamanca. Acho que nunca me senti posta a trabalhar em um local tão imponente. Após expor aos presentes algumas idéias sartrianas e minha concepção de axiodrama, procedi a um aquecimento inespecífico: *ampliei* e *desmanchei* os contextos, solicitando a todos que se movessem livremente pelo espaço, tomando posse dele imaginariamente. Talvez o nome apropriado, para esse aquecimento, seja *descongelamento*, procedimento do qual eu necessitava para não me sentir inibida pela imponência do lugar. Muitos dos presentes tornaram-se participantes divertidos, acolheram meu apelo agindo de forma efetivamente lúdica. Lembro-me de um colega português que se deitou sobre

---

24. *O Estado de S. Paulo*, quinta-feira, 22 de março de 2001, p. C6.
25. Coordenada por Sérgio Perazzo.
26. I Congresso Ibero-americano de Psicodrama. Universidade de Salamanca, Instituto de Estudios de Iberoamérica y Portugal, de 27 de fevereiro a 2 de março de 1997.

uma enorme mesa, dessacralizando-a e, por acaso, nesse movimento, deixou cair todas as moedas que estavam em seu bolso, produzindo um tilintar engraçado. Estabelecidas as condições mínimas, o trabalho prosseguiu. Depois que as pessoas voltaram a se sentar, houve um novo aquecimento. A partir de minha proposição da questão do *valor*, foi emergindo o tema da relação terapeuta–paciente.

Reconheci uma colega como *protagonista iniciadora*. Pedi-lhe que fizesse uma imagem da relação terapeuta–paciente. Essa técnica, talvez a mais simples quanto à execução, funciona de modo semelhante a *brincar de estátua*. O indivíduo que dramatiza, que representa o sujeito agente, escolhe membros da platéia e os coloca em posturas e relações de expressão corporal, uns com os outros, formando uma espécie de escultura. Minha proposta para o grande público foi a de que cada um que tivesse alguma idéia para complementar ou alterar a imagem viesse para o contexto dramático, concretizasse-a e falasse dela para todos. Creio que houve aquecimento específico assim como participação e interesse progressivos. Não sei dizer quantos foram os participantes, pois não tomei notas a respeito do que estou relatando. O processo do grupo protagônico culminou em uma bela e terrível criação imagética: o terapeuta representado era envolvido, acolhido, carregado no colo pelo paciente. Na fase de comentários, um participante da platéia, se não me engano um colega espanhol, nomeou com sagacidade o resultado plástico: *Pietà*.

Experiência, inteligência e sensibilidade de colegas, naturais de outros países e do meu, possibilitaram essa vivência ímpar. Não tenho condições de reproduzir as contribuições e os *insights dramáticos* que houve durante o processo. Mas espero que, além de falar por si só, a descrição dessa materialização dramática de uma *Pietà* permita ainda uma reflexão a respeito do surgimento de uma *ética do grupo*. No *aqui-e-agora*, manifestou-se um *valor do grupo*, a eliminação de qualquer traço hierárquico na relação terapeuta–paciente. Os escultores psicodramáticos puderam expor sua fragilidade, seu desamparo (sua *Hilflosichkeit*) e o desejo, amordaçado no dia-a-dia da prática, de também serem acolhidos e amparados em seus afetos despertados pelo cliente. Penso que realizaram um verdadeiro axiodrama, reconhecendo a si mesmos mediante o reconhecimento de seus próprios valores. Mas, mais do que isso, constituíram em ação um grupo em que, no momento, era possível, para cada um, agir, tocar a imagem *singular* de seu desejo, reconhecer o desejo comum e a *universalidade do desejo*. É claro que esta narrativa é só a evocação, feita agora, de um universo ausente e de uma idéia. Pode ser apenas uma aparição, provir de meu desejo de ter vivido essa experiência, afetiva e profissional, e de fundamentar o que penso a respeito de ética grupal. Mas espero que sirva para indicar a possibilidade de surgimento de uma ética no decorrer da ação grupal. Espero que possa, pelo menos, sugerir alguns dos sentidos e das possibilidades do axiodrama. A universalidade do axiodrama aparece aqui um tanto ao pé da letra, referida a um encontro com pessoas de vários países, predominando, é verdade, ibero-americanos. Entretanto, ultrapassa o anedótico, pois indica um movimento *universal* de *totalização* dos grupos.

A ação do grupo na vivência de Salmanca, a criação da escultura viva, ilustra uma forma do *singular universal* em ação. Por um lado, ela foi realidade concreta, ação singular do grupo protagônico que se fez, *fusionando-se* na expressão da fantasia de cada um e de todos. Por outro lado, representou um instante de um grupo que se totaliza subvertendo a ordem vigente. Ainda, a *com-paixão*, a arte da *Pietà*, expressa a ação imaginária de acolhimento. Não traz necessariamente a compaixão em seu sentido cristão. Para além desse, é *ética. Ethos* é também *a morada do acolhimento,*[27] sentido presente no objeto do desejo de Ulisses, de seu desejo de voltar a Ítaca, força que produz a epopéia de seu destino. Na técnica psicodramática que utilizei, o drama grupal, a ação que rompe com o *status quo*, foi paralisada na *Pietà*. Mas a estátua, o congelamento, é da ordem do imaginário.

---

27. O filósofo Milton Meira do Nascimento chamou minha atenção para esse sentido, em conversa recente.

CAPÍTULO 4

Três Éticas no Pensamento e na Ação de J. L. Moreno

Wilson Castello de Almeida

O tema a que me propus escrever é amplo, instigante e polêmico, quando se pensa como Jacob Levy Moreno o utilizava na elaboração de seu pensamento teórico e na ação de sua prática. Limitei-me, pois, a registrar os três ângulos de influências que constituem pilares da ética moreniana, desdobramento que será encontrado na leitura de sua obra, o que recomendo.

Discutir ética em Moreno é debater aspectos essenciais da ética das relações humanas, a ética do encontro, não desconhecendo o conflito permanente entre os sentimentos do bem e do mal e toda a dialética dos contraditórios. Em termos do trabalho com grupos, Moreno desmitificou o papel do terapeuta, do coordenador de grupo, para colocar ênfase na participação de cada elemento do grupo, cada um servindo como instrumento de diagnóstico, bem como o de agente terapêutico, atribuindo-se a todos a função agregadora, operativa e de eficiência simbólica da cura.

A ética messiânica

Inicialmente, peço ao leitor que seja tolerante com a imprecisão conceitual quando falo de "ética messiânica", pois aqui esse conceito não corresponde às exigências do método filosófico.

Permiti-me não atender ao rigor acadêmico para salvar o modo de compreender as influências ocorridas na tríplice formação do campo ético da práxis moreniana.

Contam as lendas judaicas que o rabino Gadol, quando encontrava dois judeus brigando, chamava cada um deles em separado e, mentindo, dizia a seu interlocutor que o outro se havia arrependido, não mais guardava rancor e desejava fazer as pazes. O mesmo era dito ao outro briguento, de maneira que, quando os dois se encontravam, se beijavam reconciliando-se. Isso nos conta Yaacov Blumenfeld em seu livro *Judaísmo – visão do universo*, no singelo capítulo "Deus escreve direito por linhas tortas", para exemplificar o ensinamento da Torá com a sua afirmação: "Até o mal será usado para o bem". O que justificaria o emprego de meios amargos, vulgares, cruéis, normalmente não aceitos pela sociedade, para atingir finalidades nobres. Porém, tal iniciativa só poderia ser exercida pelo homem que tivesse estudado e se iluminado pela sabedoria divina, autorizando-se a inventar e mentir, visando sempre ao bem.

E todos os que conhecem a biografia de Moreno sabem que ele, desde a adolescência, e até como adulto jovem, cultivou a idéia messiânica de ter missão profética e vida religiosa intensa. Essa marca espiritual acompanhou-o, ainda que de forma discreta, em sua fase médica e na de pesquisador psicossocial. Vários estudiosos de sua obra colocam-no na categoria de um *tzaddik*.

No entanto, não temos evidências de que Moreno tenha freqüentado a comunidade judaica existente nos lugares onde morou, como militante. Em sua autobiografia ele refere apenas a um contato religioso na infância, aos quatro anos, quando teria estudado em uma escola bíblica sefaradita e ao seu *barmitzvá*, com a ressalva: "Apesar de que na minha família não se cultivava o desenvolvimento de uma inabalável identidade judaica". Moreno não se utilizou dos "sinais exteriores" da identificação judaica. Parece-nos que ele não teve formação religiosa, no sentido de sustentar as tradições explícitas. Viveu intensamente o mundo laico, de formação secular, sem perder, entretanto, a quintessência judaica, cujo patrimônio são a dimensão sagrada da vida e a busca da santidade. Fazer perguntas é uma característica do caráter judaico. No livro *O guia dos perplexos*, Maimônides nos diz que "a pergunta não é uma sofisticação acadêmica, mas uma necessidade existencial e vital para o judeu". Assim, a famosa frase de Moreno "Quem sobreviverá?" não é uma simples construção retórica, e ele próprio justifica: "Uma resposta leva a mil perguntas".

Ser judeu não significa obrigatoriamente ser religioso, pois há o judaísmo laico, o arreligioso e, até mesmo, o judaísmo ateu. Grandes pensadores judeus, e até mesmo profetas, não tiveram dificuldade em abebeirar-se em pensadores não-judeus como Kant, Kierkegaard, Aristóteles, enriquecendo a cultura judaica sem que isso significasse tentativa de descaracterizá-la. Poderíamos incluir Moreno entre os chamados "judeus não-judeus", tais como Espinosa, Heine, Marx, Trótski, Freud? Particularmente acredito que o judaísmo de Moreno esteja mais próximo da visão existencial com que Buber pretendeu superar a "questão judaica"; a seu modo de ver, o conceito de judaísmo não se deveria prender às definições religiosas ou nacionais, mas tãosó ao significado profundo que cada cidadão judeu desse à sua formação histórica podendo, por escolha e decisão, ser ele mesmo. É Buber, ainda, que nos dá as diferenças entre religião e religiosidade. A primeira compreenderia os aspectos objetivos e institucionais da fé, a segunda diria a respeito dos elementos subjetivos, pessoais dessa mesma fé, porém não se obrigando a ficar juntas. O fato é que Moreno não se deixou prender pela armadilha paroquial de preocupar-se exclusivamente com a comunidade hebraica, mas, pelo contrário, abriu-se ao universal, à sociedade de modo geral, chegando a sonhar com a "sociatria", pois tal idéia, a princípio transgressiva em seus horizontes, nada mais representa do que a proposição milenar do judaísmo, tradição de 4 mil anos, para resolver as dificuldades de toda a humanidade.

O ideal messiânico se transformou no decorrer da História, deixando de se caracterizar pela busca da redenção do povo de Israel, para propugnar pela justiça para todos os povos. Uma utopia que está na raiz da sociatria moreniana.

Moreno viveu com acentuado entusiasmo e contemporaneidade as decorrentes preocupações de sua geração. Participou do grupo de jovens andarilhos (*Wandervögel*), fundando a chamada "religião do encontro". Esses jovens, em clima místico, pretendiam se ajudar mutuamente e aos outros. Passeavam pelas ruas, jardins e estradas, esperando que Cristo renascesse, e, quando encontravam pessoas tristes ou carentes de afeto, aproximavam-se para dar-lhes atenção, carinho e ajuda. Depois iam às suas casas, procurando levar-lhes alegria, mediante cantos e danças. Quando necessário, recolhiam-nas à Casa do Encontro, uma mansão sustentada por doações e destinada a abrigar desalojados, migrantes e refugiados.

Todavia o grupo não parou nas perambulações, solidariedades e tertúlias poéticas. Propuseram-se a construir um sistema filosófico denominado "Seinismo" – a ciência do ser. Arroubos da juventude?, pergunta-se. Mas na vida adulta Moreno tentou recuperar para esse intervalo intelectual juvenil o *status* de movimento a que chamou de "Existencialismo Vienense".

A religiosidade de Moreno era estruturada de tal forma, com tamanha convicção e lealdade, que atravessou toda a sua vida, repercutindo desconfortavelmente em sua lide profissional, pela evidente má vontade em se aceitar um "místico" entre os "homens de ciência", na forma em que ele ingenuamente se propunha.

A ética advinda desse posicionamento messiânico, profético, fruto da intuição e da inspiração, não está atrelada às leis, porém à consciência pessoal de uma missão a ser cumprida. Fato que espanta e amedronta pelo teor subversivo de sua intenção, que fica acima das regras estabelecidas pela sociedade disciplinada e obediente.

Consciente ou inconscientemente o Tzaddik Jacob Levy Moreno trazia suas convicções religiosas para a prática clínica. O caso Marie (Moreno, 1974), por exemplo, demonstra-nos como o mundo do psicótico pode receber, com sucesso, a convalidação existencial através da "realidade suplementar". O uso do telegrama forjado, naquele contexto, tão criticado pelos inconformados de plantão, tem justificativa, sem dúvida, no ensinamento da Torá: "até o mal será usado para o bem".

A ética médica

O lugar do médico é o de quem ouve a queixa, pede exames complementares, estabelece o raciocínio clínico, faz o diagnóstico e propõe as intervenções terapêuticas. Esse é o seu eixo permanente, pois ainda que no decorrer do tempo mude alguns rituais de sua prática, construa uma relação menos hierarquizada com o paciente, adote uma escuta mais apurada na mensagem que lhe passa o cliente, e mesmo que o médico enriqueça seu arsenal propedêutico com dispositivos modernos de pesquisa e tratamento, ele será um profissional sempre indicado para examinar, diagnosticar, tratar e curar.

Ninguém de bom-senso procurará um médico que não se proponha a esse trabalho, rotineiro, sistemático, com competência, que o faça com "o máximo zelo e o melhor de sua capacidade" conforme exigem as normas de sua categoria profissional. O que se espera dos trabalhadores da saúde de modo geral é o desempenho de sua tarefa com honra e dignidade. A consciência moral não deve permitir-lhe atos danosos ao paciente identificados como imperícia, imprudência, negligência ou omissão voluntária. *Primo non nocere* [Primeiro não prejudicar], diz o axioma hipocrático. Outro item do código de ética médica nos alerta: "É vedado ao médico efetuar qualquer procedimento médico sem o esclarecimento e o consentimento prévios do paciente ou de seu responsável legal, salvo em iminente perigo de vida". No capítulo dedicado à pesquisa, o código de ética destaca a proibição de realizar experiências em seres humanos, "sem que este tenha dado consentimento por escrito, após devidamente esclarecido sobre a natureza e a conseqüência da pesquisa". E, quando física, emocional ou mentalmente incapaz, "a pesquisa somente poderá ser realizada em seu próprio benefício (do cliente), após expressa autorização de seu responsável legal".

Nesse aspecto, o médico Jacob Levy Moreno foi primoroso na obediência a esses cânones, conforme está registrado em seus protocolos clínicos.

A ética do ato criador

O ato criador compõe um enigma tão intrigante como o próprio mistério da criação do Universo. Contudo o homem está condenado a criar, dia a dia, hora a hora. Muitas vezes supomos estar vivendo uma rotina repetitiva, que na neurose seria chamada de "compulsão à repetição", entretanto, fora da doença, até o pensamento, o sentimento e o gesto mais simples trazem consigo uma centelha pequenina que bem insuflada pode-se transformar num clarão. Essa é a proposta de Moreno com sua teoria dos papéis desdobrada em três fases, sendo a última responsável pela expressão do ato criador.

O fascinante teatro da improvisação ou da espontaneidade, como queiram, foi a descoberta de Moreno que lhe permitiu estudar e conceituar os papéis como categorias sociopsicológicas capazes de nos dar subsídios para conhecer as dimensões da personalidade humana. O papel é a unidade das condutas relacionais observáveis, na representação teatral e na ação social das pessoas. E a ação social de uma pessoa traduz o seu mundo interno, as funções psíquicas e as atitudes que lhe caracterizam, enfim, sua inserção no mundo e na vida.

As três fases distintas do desenvolvimento de um papel nos dão as probabilidades éticas para entendimento do homem diante dos dois universos morenianos: o da fantasia e o da realidade. Vamos a eles.

Fase do *role-taking*

Como o próprio nome está dizendo, trata-se da "tomada do papel". Mas aqui falamos dos papéis já conhecidos que de alguma forma foram se estabelecendo e tornaram-se sintetizados pelo conhecimento. São dados da realidade cognitiva, com base em informações empíricas. Os procedimentos para essas dramatizações partem de mecanismos lógicos e socialmente integrados. Fala-se, então, em dramatização por meio do percebido, com elementos objetivos e conhecidos. Elementos universais da aprendizagem que, por sua vez, é ampla e objetivada. Nesse campo, temos o estímulo da função perceptiva e o da representação dos papéis. Diga-se de passagem que o grau de percepção do papel a ser executado pode estar em consonância com a capacidade de representação, mas podemos, ainda, ter o momento de escassa percepção e de exuberante representação ou, ao contrário, muita percepção e pouca representação. O sujeito reflete o mundo, na casa do simbólico. Fala-se do conceitual e do intelectivo. O sujeito psicologicamente equilibrado tem seu mundo simbólico em consonância com o simbolismo das significações socioculturais, o que lhe dá a confirmação e aceitação de seu meio. Apenas os heróis, santos e profetas prescindem dessa convalidação, ensina-nos Moreno.

O simbolismo integra e organiza o cósmico, por isso, nesse nível, traduz-se a organização do mundo por intermédio dos conceitos. Os conceitos podem ser representados teatralmente pelas imagens (estáticas ou dinâmicas), pelos signos, pelos papéis-tipo. O papel a ser desempenhado é o social-objetivado.

O conteúdo das cenas, que de modo geral se iniciam com representação de imagens, busca a elaboração da curiosidade humana, suas perspectivas racionais, de organização do mundo. Esse momento do simbólico é fundamental, pois é por meio dele que o imaginário vai-se retificar ou ratificar. Fora da cadeia do simbólico, a fantasia praticamente não se explicita.

No caso da aprendizagem pelo *role-taking* toda representação pode ser vista como um sintoma organizativo do mundo sociocultural em que o indivíduo vive. Por isso se diz "sujeito", pois o "ente" está sujeito a esse mundo. A frase que se coloca como aquecimento é: Como eu desempenho determinado papel de acordo e conforme a expectativa da sociedade que o elaborou e conceituou?. No campo do ensino busca-se resposta à pergunta-chave: como a conserva cultural, incluídas aqui as escolas, transmite-me o que seja psicodrama?

No *role-taking* faz-se a síntese, cuida-se do todo ou das partes em relação a ele. As técnicas mais utilizadas são: uso de imagens, representações, concretização. Nesse caso a palavra tem muita importância pelo diálogo e pela escrita.

Fase do *role-playing*

O nome diz: "jogo de papéis". Mediante jogos e dramatizações pretende-se a incorporação das experiências reais ou de fato vividas nas pautas representativas do sujeito, que o fará de modo singular. Desse modo, estimula-se a integração daquilo que é socialmente reconhecido à experiência pessoal e, portanto, dando-lhe características subjetivas. O sujeito experimenta o mundo no espaço da realidade, de modo intuitivo e afetivo.

O conhecimento e a aprendizagem serão feitos de maneira particular, própria de cada um, com a marca específica do sujeito, a sua "impressão digital", o selo de sua personalidade. O papel a ser desempenhado é o social-subjetivado.

O conteúdo das cenas psicodramáticas busca a interrogação e o questionamento, ampliando o espaço da curiosidade individualizada, passando pelo filtro das experiências emocionais de cada pessoa, cada tema levando as características de "seu" mundo. Nessas cenas criam-se personagens. A frase que se coloca como aquecimento é: Como eu desempenho determinado papel conforme o apreendido em razão de minha personalidade?. No campo do ensino busca-se resposta à pergunta-chave: Como eu entendo, elaboro e incorporo meus conhecimentos, teórico e prático, de psicodrama de forma peculiar, do meu jeito?

No *role-playing* faz-se a análise, cuida-se das partes. A técnica mais utilizada é a da "inversão de papéis", entre outras.

Fase do *role-creating*

Diz o nome: "criando papéis". Dão-se asas à fantasia. Permite-se e estimulam-se o sonho, o devaneio, a inventiva, a criação. Por aqui o inconsciente, em suas várias formas, individual, arquetipal e grupal, é tangenciado e muitas vezes aprofundado. Aqui há mudanças e transformações, possibilidades e projetos. O imaginário no sujeito corresponde à mitologia na cultura, traduzindo a passagem do homem da natureza para a cultura. O sujeito pensa o mundo em função do simbólico e o cria nas nuvens do imaginário.

No *role-creating*, o sujeito permite-se vivenciar o caótico, a "loucura", o fantasmagórico. Fala-se da criatividade e da espontaneidade. Aqui o psicodrama tem seu ponto alto, com a mobilização de inúmeros recursos grupais e individuais para aprender novas e originais formas, sempre em *status nascendi*. O papel a ser "criado" é o psicodramático *sensu strictum*.

O conteúdo das cenas constitui uma expansão maior ainda da curiosidade, à busca de "revelações". E um mundo novo e fantástico poderá surgir aos olhos do grupo e à consciência do protagonista. A frase que se coloca como aquecimento é: Como eu desempenho papéis criados com minha criatividade e espontaneidade?. No campo do ensino busca-se resposta à pergunta–chave: como eu crio, recrio e expando esses conhecimentos?

No *role-creating*, a experiência/vivência é descompromissada com síntese ou análise, ou, em outras palavras, fazem-se a síntese e a análise criativas, vistas de insuspeitados ângulos de expressão artística e poética, que é a própria alma das pessoas. As técnicas utilizadas são as do teatro espontâneo e as que lhe são sucedâneas, permitindo o improviso, a surpresa, o espanto.

A espiral da ação dramática em direção ao ato criador

A ética do ato criador assim o é pelo seu compromisso com uma escolha, definindo-se pela lealdade com as expressões da espontaneidade e os jogos da criatividade. De parte dos psicodramatistas, ter esta ética é manter-se, com firmeza e perseverança, fiel ao discurso moreniano da revolução criadora.

Do ponto de vista prático, aceitando-se o princípio da melhor oportunidade, o trabalho metodológico poderá iniciar-se por um dos três níveis, indiferentemente, e o andamento de sua seqüência poderá também ser aleatório. O que é fundamental é a possibilidade e a obrigatoriedade, de fato, de fazer uma articulação dos três níveis dramáticos para integrá-los durante o processamento final.

Em certo espírito de organização que cabe ao professor–diretor ou ao diretor–terapeuta imprimir a seus trabalhos, até mesmo para atingir o objetivo do que é ensinado ou tratado, com maior *performance*, começa-se a tarefa com propostas de *role-taking*, passando pelo *role-playing*, caminhando para o *role-creating*, voltando ao *role-taking* para a revisão dos conceitos, agora enriquecidos por dois outros níveis de experiências e finalizando com um novo *role-playing*, para resgate de idéias, os *insights*, e então reelaborações. A cada volta, os três níveis não se fecharão em círculos, mas evoluirão em espiral, com todos os significados de crescimento e movimento, dinâmico e dialético, contidos nessa figura:

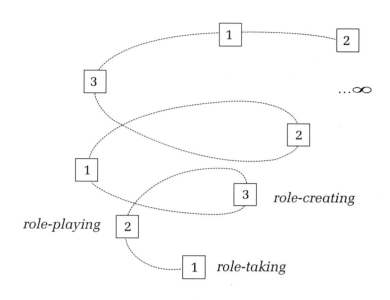

Por fim, são as assim chamadas "três éticas" que oferecem elementos para entender como Jacob Levy Moreno se movimentou nesse magnífico campo das relações humanas. No estudo que se faz de sua obra há valores estabelecidos e, conseqüentemente, expectativas socioculturais, como o compromisso com a vida, mas há também o estímulo à espontaneidade e à criação, ao desejo individual, ao respeito às diferenças e à liberdade individual, conciliando esses valores com as exigências grupais.

A ética de Moreno está dedicada à transformação do homem, munindo-o de elementos para se opor à robotização, à rotina intelectiva, ao desamor e à destrutividade.

Referências bibliográficas

ALMEIDA, W. C. *Moreno: encontro existencial com as psicoterapias*. São Paulo, Ágora, 1990.

ARISTÓTELES. *Ética a Nicômacos*. Brasília, Editora Universidade de Brasília, 1985.

BUBER. *Encontro: fragmentos autobiográficos*. Petrópolis, Vozes, 1991.

CÓDIGO DE ÉTICA MÉDICA – Conselho Regional de Medicina do Estado de São Paulo, 2001.

DINIZ, Débora; COSTA, Sérgio. *Bioética: ensaios*. Brasília, Letras Livres, 2001.

GONÇALVES, C. S.; WOLFF, J. R.; ALMEIDA, W. C. *Lições de psicodrama*. São Paulo, Ágora, 1988.

LÖWY, M. *Redenção e utopia: o judaísmo libertário na Europa Central*. São Paulo, Companhia das Letras, 1989.

MORENO, J. L. *Psicoterapia de grupo e psicodrama*. São Paulo, Mestre Jou, 1974. (tradução Antonio Carlos Cesarino.)

_____. *Psicodrama*, São Paulo, Cultrix, 1975.

_____. *Fundamentos do psicodrama*. São Paulo, Summus Editorial, 1983.

_____. *Autobiografia*. São Paulo, Saraiva, 1997. (Tradução Luiz Cuschnir.)

SLAVUTZKY, A. et allii. *A paixão de ser* [Sobre a identidade judaica]. Porto Alegre, Artes e Ofícios, 1998.

CAPÍTULO 5

A Questão do Sigilo nos Grupos Psicodramáticos

Antonio Carlos Cesarino

Há um material interessante e rico quanto à discussão do tema da ética, em se tratando de psicodrama. Até porque em nosso início no Brasil fomos tachados de antiéticos, em razão de realizarmos trabalhos em grupos abertos.

Isso aconteceu principalmente na época do V Congresso Internacional de Psicodrama, realizado em São Paulo, em 1970. Como nosso pensar e fazer eram bastante diferentes do então cenário da psicoterapia, houve grande reação dos representantes do *establishment* psiquiátrico e psicoterápico. Essa reação teve muitos matizes e muitas razões. Tal história, entretanto, foi contada em outro lugar e não vamos repeti-la nesse momento.[1]

Além disso não temos aqui a pretensão de fazer um estudo exaustivo, histórico e filosófico sobre a ética em nosso trabalho diário. Todavia seria importante ressaltar como nos situamos e de onde partimos ao pensar nesse tema.

Os profissionais, estamos todos comprometidos concretamente com nossos pacientes e formalmente com o Código de Ética de nossa categoria. Tais Códigos normatizam a nossa prática, dizendo o que pode ou não ser feito no exercício de nosso trabalho.

---

1. Cesarino, A. C. *Brasil 70 – "Psicodrama antes e depois"*. In: Almeida, Wilson Castello (org.). *Grupos – a proposta do psicodrama*. São Paulo, Ágora, 1999.

Apresentam princípios e normas a que devemos obedecer. Não apenas "obedecer" cegamente, mas assumir, com consciência e crítica, como nossos princípios. Como algo que se coaduna com nossos sentimentos e com nossa forma de viver todos esses valores. Tais sentimentos e comportamentos foram aprendidos mediante nossa educação, pela qual recebemos as informações de que isto ou aquilo é bom ou mau. Assim, crescemos acreditando (ou sentindo) que esses valores (e os direitos e deveres daí advindos) são eternos e naturais. Mas não é bem assim.

A Ética é também histórica e está ancorada na cultura. Entretanto, no momento atual em que vivemos, há um conjunto de normas e princípios (não apenas referentes ao profissional estrito, mas ao geral de nossa vida em sociedade) que aceitamos e está explicitado em leis e costumes. Assim, temos capacidade moral de escolher entre condutas diferentes e de nos aceitarmos como pessoas livres, que se percebem como causa consciente e responsável das próprias ações.

Segundo essa visão podemos observar que a conduta ética geral vem deixando de ser universal (temos sempre a impressão de que os homens do tempo de nossos pais eram mais íntegros do que os de hoje), e cada vez mais parece evidente que a visão do que se chama de "bem comum" está cada vez mais obscurecida. A sensação é de que a Ética está atualmente reduzida ao particular, ao mundo privado. Não vale mais para a esfera pública, para a comunidade. Perdeu seu valor e sentido, acaso nem sempre no discurso, seguramente na prática.

Já não surpreende ler nos jornais desvios de conduta de grande gravidade, cometidos por pessoas públicas ou políticos. Não espanta mais a violação sistemática de direitos humanos causadas por interesses econômicos de grupos internacionais, ou a globalização – processada de maneira considerada inevitável – ("conjuntural"), que joga contingentes cada vez maiores da população mundial ao desemprego, à miséria e à fome.

A freqüência com que essas grandes falhas éticas são cometidas começa a ser quase entediante; deixa de chamar a atenção e aos poucos vai sendo "naturalizada". Em muitos setores de nossa vida social, comportamentos antiéticos são cada vez mais vistos como "esperteza" ou como "realismo".

Uma amiga me disse, com muita tranqüilidade: "Não existe ética, existem interesses". E por aí vai: a lógica de mercado solapando os interesses propriamente humanos (por exemplo, na produção e na comercialização de medicamentos), as minorias étnicas sendo massacradas pelo mundo afora, sem defesa, enquanto não são atingidos interesses econômicos ou estratégicos etc.

Entretanto, iniciemos com Moreno. Em 1955 ele dizia que a psicoterapia de grupo e o psicodrama trouxeram uma revolução psiquiátrica, já que não aconteciam na privacidade dos consultórios, mas no grupo, no meio da comunidade. Então criou, à sua maneira espetaculosa, o "Juramento do Grupo", que devia suplementar o Juramento de Hipócrates:

[...] nada que ocorra na mente dos pacientes durante as sessões de psicoterapia de grupo e psicodrama ou na cabeça do médico, em conexão com os desejos do paciente, Eu-tu-eles, deverá ser mantido em segredo. Nós devemos divulgar livremente aquilo que pensarmos, percebermos e sentirmos uns sobre os outros; nós devemos mostrar os medos e as esperanças que temos em comum e nos purgarmos deles. Manteremos este juramento inviolável e tomara que ele nos tenha sido dado para que usufruamos de nossas vidas e da arte da psicoterapia de grupo e do psicodrama, e que seja respeitado por todos os homens em todos os tempos.[2]

Aí está o nosso Moreno: orgulhoso, forte, onipotente, a princípio sem uma preocupação com a eventual reação a seu discurso espontâneo. Aí ele se assume claramente como o "criador", quase o proprietário da psicoterapia de grupo e do psicodrama.

Entretanto, um pouco mais tarde, em 1957, ele propõe (um tanto mais humilde) dez tópicos para discussão do "Código de Ética de Psicoterapeutas de Grupo". Que terá acontecido? Autocrítica? De qualquer maneira, embora menos candente, são elucidados muitos pontos importantes de reflexão, que não tinham sido contemplados no ruidoso juramento anterior. Importante

---

2. Moreno, J. L. Crisis of the Hyppocratic oath, *Group Psychotherapy*, vol. VIII, 1955, nº 4.

salientar que aí Moreno está explicitando sua maneira ética de pensar o trabalho terapêutico de forma mais completa, embora não se lance, nesse momento, em discussões mais profundas.

Não vamos repetir aqui, para economizar espaço, a íntegra desses dez itens.[3] Contudo vamos comentá-los, mais ou menos sucintamente.

Em resumo, ele ressalta a necessidade de o terapeuta de grupo ter formação adequada, em instituições reconhecidas. Importante neste momento: postula que o terapeuta de grupo deve tornar acessível a seus clientes o seu currículo (é interessante aqui nos lembrarmos da arrogância de certos profissionais quando questionados por seus pacientes, sobretudo quando se trata de serviço público). Aí está o onipotente Moreno dando uma prova de sua simplicidade: por que não dizer ao paciente qual é sua capacitação?

Moreno diz que o "principal objetivo" da terapia de grupo é "proteger o paciente contra o abuso e dar amplo respeito à dignidade de cada um deles"; mais adiante afirma que "os grupos devem representar um modelo de comportamento democrático".

Em relação a essas duas metas de trabalho propostas por Moreno, é bastante habitual a negligência (note: são metas *do* trabalho, parte do processo psicoterápico, e não apenas conselhos para um posicionamento mais ético).

Por exemplo: não é rara a situação de terapia grupal em que, inadvertidamente, o terapeuta aceita a "vitimização" por parte do grupo de um de seus membros. Pode ocorrer o fato de o grupo "escolher" um dos companheiros (que possivelmente terá características pessoais que facilitem essa escolha) como "bode expiatório", isto é, como alguém que recebe e concentra no imaginário do grupo todas as falhas e dificuldades presentes nesse pequeno universo. Passa a ser ridicularizado, agredido, menosprezado.

---

3. Remetemos o leitor interessado na íntegra dessa proposta a: Moreno, J. L., *Psicoterapia de grupo e psicodrama*. São Paulo, Mestre Jou 1974, pp. 101-3. A tradução brasileira foi feita conforme a primeira edição alemã, de 1959. Esse "Código de Ética" foi publicado nos Estados Unidos em 1957; há pequenas diferenças (de ênfase em alguns tópicos) entre as duas edições. A edição americana foi divulgada no periódico *Group Psychotherapy*, vol. IX, 1957, nº 2.

Transforma-se então na "vítima" do grupo, alvo frágil das tendências sádicas presentes em todos nós. Existem naturalmente formas adequadas de se fazer uso terapêutico dessas situações, não abandonando a vítima e o grupo a si mesmos. Isso acontece por vezes até mesmo com terapeutas experientes, que talvez não tenham internalizado essa situação como "tarefa". Pode ainda simplesmente ocorrer que, como parte integrante do grupo, desenvolvam em relação à vítima os mesmos sentimentos que os demais.

Esse é um momento em que a presença de uma preocupação ética fortalece a formação profissional habitual, em que o aprendizado da ética em geral se limita a vagas referências. Tal aprendizado é muitas vezes apenas centrado na técnica e na dinâmica. Esquece-se com freqüência de que o "fazer" é a concretização de uma forma de pensar, bem como em psicoterapia (se a função é restaurar a confiança e devolver a dignidade ao paciente) a ética é indissociável da prática.

Podemos dizer que tal "tarefa" vai além do psicoterápico; ou melhor, ela amplia a essência do labor terapêutico, que não se restringe apenas ao "psicológico". Moreno já sabia que não existe o psicológico sozinho. Ao afirmar que o grupo psicoterápico deve ser um modelo de funcionamento democrático, ele estava reafirmando o posicionamento que perenemente volta à tona em sua obra, sob diferentes formas: a psicoterapia deve estar a serviço da liberdade do homem, em todas as suas dimensões. Segundo Castello de Almeida:

> [...] a ética psicodramática ... não é um posicionamento conservador que se repete como fórmula ou hábito [...] Sempre aberta, procurará exercitar [...] a dialética do bem e do mal, estará sempre em movimento espontâneo e numa dinâmica criadora; superando o binômio permissão-interdição [...] se dedicará à transformação do homem, [...] para se opor à robotização, à rotina intelectiva, ao desamor e à destrutividade [...].[4]

---

4. Almeida, W. C. de. *Moreno: encontro existencial com as psicoterapias*. São Paulo, Ágora, 1991, pp. 71-2.

Em muitos grupos (aqui porém falamos apenas dos grupos de terapia) há uma tendência de repetir os modelos discriminatórios de nossa cultura: certas pessoas são distinguidas, ou percebidas, como "diferentes", "menores", ou "inferiores".

Naturalmente esse é um dado da cultura que, como muitos outros, deverá estar presente em todos os grupos. Mas cabe ao terapeuta lembrar que isso é tão problemático como qualquer sintoma (com freqüência, os preconceitos estão presentes na base inconsciente de muitas questões ditas neuróticas).

Além disso, se é função do trabalho restaurar a dignidade (tanto do oprimido quanto do opressor, que nessa situação – como em outras – avilta-se igualmente ou ainda mais do que a vítima), o terapeuta tem de estar atento para seus próprios preconceitos, que devem ser pelo menos suficientemente conhecidos.

Se, o que precisa ser repetido à exaustão, uma das funções básicas da terapia é criar condições de liberdade, o homem preconceituoso não tem liberdade para perceber o mundo criticamente: a visão, em muitos aspectos, já vem pronta, pré-fabricada.

Quanto à questão dos honorários, em geral surgem perguntas. Este item se relaciona ao anterior. Quais as conseqüências, no interior do grupo, advindas do fato de se cobrar distintamente de pessoas que tenham posses diferentes? Não deve o comportamento no grupo ser um modelo democrático? Adiante vem a afirmação de que os pacientes devem ser livres para escolher seu terapeuta. Se pensarmos no trabalho de muitos de nós na rede pública de saúde mental, aperceber-nos-emos da pertinência dessa preocupação. A eficácia, a adesão menor ao tratamento e outras dificuldades muito conhecidas por nós podem se dar também a esse "pormenor".

Moreno chega a insinuar que deveria ser dada aos pacientes a oportunidade de participar na escolha do grupo (as pessoas do grupo) com quem vão trabalhar. Embora ele não tivesse feito tal cogitação, é com base nisso que se pode pensar na utilidade dos ditos "grupos de espera", cuja implantação sempre é levada em consideração (mas raramente efetivada) nas instituições públicas. Entre outras decorrências, certa percepção dos dados sociométricos pode ajudar a montar grupos mais eficientes.

Por fim, chegamos ao capítulo do sigilo – que, nos dias de hoje, é praticamente a única questão de que se fala ao pensar em ética profissional; para muitos, é como se nisso se resumisse tudo o que há de mais central na ética *psi*. O próprio Moreno dedica três de seus dez itens a esse tópico. Em resumo, relata o que hoje seria quase corriqueiro.

O sigilo a que se obriga o médico, de acordo com o juramento de Hipócrates, estende-se aos pacientes, e ninguém deve revelar fora do grupo situações ou dados confidenciais ou íntimos relatados durante o trabalho grupal. Assim,

> [...] Todos os pacientes têm o dever de manter em segredo o que os membros do grupo se confiaram mutuamente. Cada paciente, da mesma forma que o terapeuta, deve preocupar-se com a melhora de seus co-pacientes. [...] Tal juramento não deve ser prestado de maneira formal, ritual. Isso seria antipsicológico e estaria em contradição com o caráter espontâneo da psicoterapia de grupo.[5]

Mediante o trabalho do grupo, os pacientes serão levados paulatinamente a compreender sua responsabilidade recíproca e a atuar em consonância com ela, diz Moreno. A partir daí, seria quase conseqüência a aceitação de regras que trouxessem segurança e benefício para todos os companheiros. E esse seria o momento do juramento do grupo.

Como se pode perceber, Moreno vai bastante além da recomendação do sigilo. Quer levar os seus pacientes à condição de entenderem aos poucos que a terapia funciona exatamente na medida em que todos se comprometem com o trabalho. Não é apenas o segredo, porém o fato de que cada um é terapeuta do companheiro do grupo. Moreno tinha em mente uma "comunidade" de certa forma mítica, que seria o foco real da terapia.

Com a evolução atual da vida socioeconômica bem como o desenvolvimento progressivo de uma atitude individualista – com a conseqüente solidão cada vez maior do homem, vítima da

---

5. Almeida, W. C. de. op.cit. pp. 102-3.

sociedade de mercado e da competição –, para muitas pessoas a única chance real de viver a sensação de "pertencer" a um coletivo é em seu grupo de terapia. Essa é uma percepção bastante comum dos terapeutas de grupo. "Pertencer" aqui significa perceber-se existindo em um lugar onde se tem ligações realmente pessoais, onde se conhece e é conhecido na intimidade, onde não se está a cada momento ameaçado de perder algo (prestígio, posição, afeto).

Yablonsky, da Universidade de Colúmbia, uma das personalidades importantes que na época foram chamadas a opinar sobre tal código, afirmou, citando o próprio Moreno: "Um verdadeiro método terapêutico não pode ter meta menor do que toda a sociedade".[6] Na edição americana de seu código de ética Moreno faz menção ao uso da mídia como veículo de terapia (coletiva, embora ele não diga), que criaria outra ordem de problemas em relação ao sigilo.

Esse trecho não consta da edição alemã, nem da francesa (de 1965). Entre os diversos grupoterapeutas da época chamados a opinar, poucos deram qualquer importância a esse aspecto: o que se pode imaginar é que ninguém levava muito a sério, ou não conseguia vislumbrar o que seria, um trabalho terapêutico realizado por intermédio do cinema, da TV etc.

Caberia aqui certamente uma longa discussão sobre o poder que a mídia tem hoje, sobretudo a televisão, acerca da subjetividade coletiva. O alcance de uma novela, como as que se fazem presentes diariamente no lar de todas as classes sociais, para confirmar, modificar e criar valores bem como preencher o imaginário das pessoas com toda sorte de clichês é bastante conhecido e aproveitado à exaustão pela propaganda. Com freqüência elas realizam um trabalho que se poderia chamar de "antiterapêutico". Por certo, acaso bem usado, tal meio teria potencial altamente favorável, como se vê em alguns raros exemplos. Todavia como dissemos, isso nos levaria a outra longa digressão.

Chama a atenção, em especial, a ênfase dada, no meio psiquiátrico e psicológico, à questão do sigilo (também no meio

---

6. Yablonsky, L. *Group Psychotherapy*, vol. X, 1957, nº 3.

médico em geral: faz parte do Código de Ética Médica o tema do sigilo profissional; igualmente no Código dos Psicólogos). Tal importância nos leva a refletir mais sobre o assunto. Por que seria o segredo considerado tão importante?

Há pouco tempo houve um encontro sobre terapias grupais (Campos do Jordão, setembro de 1999). Não era representativo o número de temas em discussão, mas um deles foi justamente sobre o sigilo grupal. A questão que se apresentava (já enfrentada por todos os terapeutas de grupo) era: existe de fato sigilo grupal? Sem nenhuma dúvida podemos responder a essa questão. Não, não existe em rigor sigilo grupal estrito. É possível, quando o grupo chega ao nível de coesão e co-responsabilidade acima referidos, que revelações eventualmente prejudiciais sejam mantidas no interior do grupo. Contudo, sempre algo, apesar de boas intenções, pode escapar, até porque com freqüência as sessões são emocionantes e instigantes e "precisam" ser comentadas.

Especificamente no terreno da Ética Médica, o diagnóstico de uma doença (seja qual for) não pode ser revelado a ninguém, exceto em circunstâncias especiais (por exemplo, quando se trata de uma personalidade pública, cuja vida e saúde de alguma maneira "pertencem" ao público). A intenção é proteger o paciente: existe em princípio uma possibilidade, real ou remota, de que essa informação possa prejudicar essa pessoa. Por exemplo: um portador do vírus HIV poderá deixar de conseguir um trabalho ou ser rejeitado em algum tipo de situação interpessoal em razão de tal fato. Diante disso, não há o que discutir.

E quando não há propriamente um diagnóstico, no sentido de uma entidade mórbida definida, caso da grande maioria dos nossos pacientes de psicoterapia grupal? Estas são pessoas como todos nós, que necessitam de ajuda ou companhia em momentos especiais de suas vidas, que têm determinadas dificuldades existenciais, ou certas peculiaridades pessoais que marcam sua forma de lidar com maior ou menor sofrimento com fatos da vida corrente. Carregam uma biografia mal digerida, resolvem com precariedade muitas situações de seu cotidiano, têm angústia, insônia, depressão, têm inibições sexuais.

O profissional que trabalha em consultório particular sabe que a maioria dos clientes pertence a estratos sociais iguais ou próximos; daí a maioria das dificuldades se repetir, com nuanças diferentes. (Essa passa a ser uma das vantagens da terapia grupal: o indivíduo acaba sentindo-se menos "malfeito", menos solitário quanto às suas dificuldades, quando percebe que elas são bastante semelhantes às dos demais membros do grupo.)

No serviço público também se dá o mesmo fenômeno; as questões em geral serão estranhas apenas para o terapeuta (no início), já que ele com freqüência é o único de classe mais alta. Por conseguinte, para que o sigilo? Qual de nós não tem, em diferentes níveis, dificuldades e preocupações com a vida familiar, amorosa, conjugal; com relação ao trabalho profissional, ao equilíbrio do orçamento; inseguranças a respeito do próprio desempenho profissional, social, sexual; acerca da própria aparência física etc.?

Há situações freqüentes de distúrbios de comunicação familiar (como pseudomutualidade, mitos familiares etc.) e até complicadas constelações de estilos de atuação (depressivo, obsessivo e outros), porém tudo isso não é suficiente para que um "disque-disque" cause prejuízos ligados a uma eventual divulgação dessas peculiaridades. Quem convive com essas pessoas não precisa ser *psi* para perceber a marca de seu comportamento.

Às vezes, entretanto, as soluções encontradas para essas dificuldades podem ser motivo concreto de preocupação sobre um eventual "escape": imagine-se que uma dificuldade conjugal venha a ser resolvida com uma conduta infiel. Pode-se enumerar certo número de situações análogas, em que a revelação de certos "segredos" seria problemática (a homossexualidade seria um deles). O caso de uma infidelidade que deveria ser escondida do cônjuge para não causar dificuldades nos faz pensar em muitas coisas. O que significa na relação desse casal tal fenômeno? A sua não-revelação estaria contribuindo para quê? A crise aberta que se instalaria caso os fatos fossem conhecidos seria menos saudável que o seu ocultamento? Que nível de confiança e "encontro" real pode ter um casal que não suporta refletir sobre um problema que pertence a ambos? Muito mais se pode pensar sobre esse exemplo, e situações equivalentes surgirão em nossa mente em relação a vários dos problemas mais corriqueiros que se apresentam na classe média.

Quando se iniciou a psicoterapia de grupo em São Paulo (anos 50?), uma das recomendações mais freqüentemente repetidas pelos mestres de então era de que essa prática não se adequava às pequenas cidades do interior, onde a revelação de segredos pessoais pelos clientes poderia ser desastrosa, já que todos se conheciam.

Mas o ocultamento de certas situações humanas não é uma forma disfarçada de fingir que o problema não existe e dessa forma conservá-lo "em banho-maria"? Não é o que ocorre ao se afirmar que no Brasil não há discriminação racial? Não é a mesma coisa que dizer que se é "apolítico"? Se eu não tomo nenhuma atitude diante de um acontecimento qualquer no coletivo, não estou sendo neutro, porém passivamente aceitando o *status quo*. Estou parado.

Portanto, não negamos a possibilidade de que certas revelações podem de fato ter conseqüências pelo menos desagradáveis, mas estamos pensando se a maioria desses segredos não faz parte dos preconceitos e das hipocrisias que constituem o caldo de cultura desse jeito infeliz de existir de numerosas pessoas em nossa cultura "ocidental cristã". E se a terapia se deixasse invadir inteiramente por esses vieses sem tomar consciência deles, não constituiria um desvio do que o próprio Moreno propunha? Por exemplo (entre outros em seus livros), quando ele discute o *status nascendi* e a idéia de perfeição:[7] "[...] nossa tendência é para depreciar a experiência da aventura louvando o produto". Isto é, se algo ficou bem de determinada forma em certo momento, deixa estar, não importa se o tempo (o momento) é outro. Essa é a essência do conservadorismo, da antiespontaneidade, um dos fantasmas odiados de Moreno.

Mas o que significa então a necessidade desse segredo? Afinal qual é o cerne da procura de uma psicoterapia? Não é exatamente a busca do segredo, do não-público, do momento privado em que as próprias dificuldades e peculiaridades podem ser tratadas sem constrangimento? Não é a necessidade de viver uma experiência inédita de ser aceito, talvez compreendido, poder

---

7. Moreno, J. L. *Psicodrama*. São Paulo, Cultrix, 1997, pp. 86-8.

experimentar sem risco novas maneiras de se relacionar, de se pensar, de ser visto? Afora a vida pública "oficial" de todos nós, temos duas esferas de privacidade: a vida familiar (que é só parcialmente privada) e a vida *realmente íntima*. A primeira seria privada, no entanto é uma esfera pública limitada.

O que é esse realmente íntimo? A oposição polar ao que se pode chamar de *esfera pública* não é então a esfera da vida privada, porém a esfera que alguns fenomenologistas chamam de "*imediata*": a intimidade só se abre e revela numa situação de *mútua e imediata participação*.[8] O imediato aí se refere à indispensável noção de *tempo* – é o "encontro" de Moreno. Isso acontece por exemplo entre dois apaixonados que se olham, que se tocam: surge e dura apenas um momento. É um acontecimento único, singular, que exige mutualidade.

É esta a verdadeira intimidade a que se refere a terapia. Os fatos da vida "privada", tais como vícios, infidelidade, distúrbios de comportamento etc. não são *realmente íntimos*. São apenas *secretos*. Esse segredo sempre se refere a dada situação, a certa comunidade, a um específico momento histórico que determina quais situações e comportamentos são validados ou não. Assim, não serão todas as situações sempre, e de forma obrigatória, secretas.

Mas é apenas a este sigilo que deve forçosamente se restringir a terapia: aquelas situações que, reveladas, causarão danos reais ao membro do grupo. Deve-se pensar que além do grupo, o qual vai criando aos poucos uma "cultura" própria, existe "lá fora" um mundo real, repleto de preconceitos e pequenezas, capaz de lidar muito mal com a revelação.

A que se referem então esses "segredos" que não podem ser revelados? Exatamente à *esfera pública* (ampla-oficial ou limitada-familiar) de nossa existência.

Essa esfera pública é onde temos nome, título, profissão, *status*, posição social etc. A maneira como as pessoas se ligam ao desempenho desses papéis define certo modo de ser no espaço social (que inclui a família, por exemplo). Aqui as formas de

---

8. Straus, E. W. *Psicologia fenomenológica*. Buenos Aires, Paidós, 1971, pp. 224 e ss.

comportamento são genéricas, repetitivas, portanto previsíveis. Quando esses papéis "grudam" muito nas pessoas (por rigidez, educação, idade etc.), cria-se uma figura pública que às vezes não se desmonta em nenhuma esfera da vida. (Os exemplos clássicos são o do general ou do juiz que não consegue abandonar sua atitude profissional em momento algum.) Esse homem que se identifica tão fortemente com sua posição pública perde a possibilidade de converter-se ao *imediato* (ao momento espontâneo).

Nesse espaço público as coisas se definem num sentido lógico – existe uma clara expectativa de como deve se conduzir determinada personagem; sua conduta tem "lógica". Moreno toca nesse assunto de maneira semelhante; ao falar das "bases científicas da terapia de grupo",[9] diz que a mudança do *locus* da terapia revolucionou o que era até então considerado adequado na prática terapêutica. Ele dá um exemplo familiar: homem, mulher e filha vistos separadamente podem não ter problemas mentais tangíveis. O confronto dos três (num grupo psicoterápico de família) priva-os daquilo que se costuma chamar de intimidade: "o que permanece 'íntimo' entre marido e mulher, mãe e filha é a morada onde podem proliferar as dificuldades entre eles, segredos, hipocrisia, desconfiança e embuste". (É esta "intimidade" familiar que estamos chamando de situação pública limitada, não realmente privada.)

Está claro que essa prática, diferente do que era até então habitual, exige um posicionamento ético diferente. Até porque, como ressalta Moreno, com essa mudança do *locus* da terapia, muda também o *agente* da psicoterapia. O médico (ou o terapeuta) deixa de ser a fonte e referência do tratamento; isso se desloca para o grupo, eventualmente para um ou outro membro desse grupo. Modificam-se portanto de modo substancial a relação de poder e, com isso, as normas (conscientes e inconscientes) do relacionamento grupal.

Consoante referência anterior,[10] na prática da terapia de grupo – entre nós o grande impulso para seu desenvolvimento foi

---

9. Moreno, J. L. *Psicodrama*, São Paulo, Cultrix, 1977, pp. 374 e ss.
10. Cesarino, A. C. op. cit.

trazido pelo psicodrama – quebrou-se o *setting* tradicional da terapia entre quatro paredes. Deixamos de lidar com a falta, a carência, no domínio da terapia quase de "confessionário". A atividade ficou arejada, voltou para o grupal, para a alegria, para o contato sem reticências, acreditando no positivo, na força criadora do homem para o próprio homem. Surgiu um compromisso pessoal do terapeuta com seu cliente (em que o terapeuta não se exclui), e passou a existir a transversalidade, isto é, uma interpenetração, uma aceitação da síntese de elementos que eram até então tidos como incompatíveis – proximidade humana entre o terapeuta e seu cliente, sem medo de "contaminação" do vínculo. A psicoterapia ficou mais próxima de um trabalho de comunhão e parceria.

Diante dessa abertura de perspectivas, o risco de quebra do sigilo pode parecer pouco significativo. Ganha-se muito mais do que se pode perder. O encontro imediato, como vimos, não é objetivo, é singular (único), não generalizável, não pode ser repetido e exige reciprocidade (não acontece sem compromisso, como pode ocorrer na esfera pública, que é unilateral). Dessa maneira, o que de realmente íntimo possa acontecer em um grupo de psicoterapia é dificilmente comunicável para alguém que não viveu o momento.

Qual é então o objeto de sigilo? Perguntemos novamente: por que não devem ser relatadas as experiências do grupo? Se os acontecimentos (exceto raras situações de risco real, como já dito) ou não são relatáveis, ou são segredos de polichinelo, qual seria o elemento que impediria sua divulgação?

Um dos elementos extremamente importantes é a *vergonha*. Aqui, não aprofundaremos a discussão desse tema. Remetemos o leitor interessado aos trabalhos de M. A. Faller Vitale.[11] Basta lembrar, por agora, que com base no raciocínio que vimos desenvolvendo, quando alguém se envergonha, dá-se que uma experiência da esfera pública está colocando em risco (ou em xeque) uma experiência mais íntima, do tipo imediato. Surge o olhar

---

11. Faller Vitale, M. A. "Vergonha – um estudo em três gerações". Tese de Doutoramento, PUC/SP, 1994 (mimeo).

externo que, ao transformar em pública a situação de profunda intimidade, propicia o sentimento de vergonha, como uma defesa dessa intimidade.

Um grupo de terapia em bom funcionamento é uma unidade dividida entre seus membros – existe uma relação de reciprocidade, de cumplicidade, de pertinência; se surge um *estranho* (alguém que nada tem a ver com o que ali se passa), a relação de encontro imediato fica *objetivada* (sofre um olhar "externo"). Esse olhar traz algo de fora, do social-que-não-se-comprometeu, que tem regras "antigas" acerca das descobertas do grupo. Assim, o grupo está criando algo que vem acontecendo (que é novo para o grupo), o que só pode ocorrer se ele se desvencilhar do que está estabelecido (pronto, acabado), ou seja, as normas, as tradições, os preconceitos, certas atitudes em relação às famílias etc.

O surgimento desse "encontro", desse imediato, exige então emancipação em relação ao estabelecido. É forçosamente fugaz, dinâmico, rápido, mas intensamente novo e por isso transformador, enriquecedor. É mais rico – ou melhor dizendo, de outra natureza – do que a mera descoberta de mecanismos neuróticos, ou a revivência de antigas situações traumáticas. (Sem negar naturalmente a utilidade do trabalho terapêutico tradicional.)

Quando criada, essa atmosfera grupal em si é uma experiência de intimidade intensa; a revelação de algo dessa intimidade pode criar a presença virtual do estranho referido. (Como no exemplo dos enamorados, o surgimento de uma terceira pessoa é extremamente perturbador e interrompe a vivência imediata, que é transformada em pública.)

Há, entretanto, outros tipos de grupo. Grupos públicos, tipo sessões abertas de psicodrama, demonstrações públicas de técnicas psicodramáticas, *workshops* de fim de semana tipo maratona, treinamento de grupos profissionais etc., são situações que podem propiciar, mediante envolvimento-aquecimento, o clima suficiente para que revelações de nível variável de "segredo" apareçam.

Aí deparamos então, talvez até mais do que num grupo terapêutico processual, com a questão do sigilo – por exemplo em grupos de empresa trocam-se informações (ou aparecem revelações) de caráter pessoal que podem trazer real prejuízo para algum membro do grupo. Podem surgir publicamente características ou dificuldades até então mantidas em segredo. E isso é perigoso? Depende. No ambiente da empresa, todo ele comprometido com determinada orientação de produtividade, de lucro, de individualismo, de competição, a revelação de fatos pessoais pode causar problemas. É uma situação específica, em que as pessoas têm de se sujeitar a certas normas. Nesse caso, a criatividade é colocada a serviço dos interesses da empresa, não obrigatoriamente das pessoas que aí trabalham. Não é um espaço de liberdade. É um espaço acima de tudo público.

Como vimos, a reflexão sobre a ética em nossa prática pode-se estender por longos e interessantes capítulos. Sempre haverá mais considerações e descobertas ligando a prática aos pequenos ou grandes vieses que a ideologia impõe sub-repticiamente. Daí essa discussão não se esgotar. Assim como a prática de uma psicoterapia (e mais ainda de grupo psicodramático) não pode ser rotineira, uma vez que está tratanto de problemas humanos que evoluem com as pessoas, o mesmo se dá com a ética, que evolui simultaneamente com a história do grupo e da sociedade. Tal evolução pressupõe a consciência de que qualquer trabalho psicoterápico não escapa do social; na medida em que é um ato clínico, de produção de saúde, é um ato público e portanto político. Segundo Moreno: "[...] na esfera humana é impossível entender o presente social se não tentarmos mudá-lo".[12]

---

12. Moreno, J. L. *Psicodrama*. São Paulo, Cultrix, 1977, p. 58.

CAPÍTULO 6

A Abordagem dos Valores Ético-culturais pelo Axiodrama

Anibal Mezher

Não se trata de dar lição de moral, mas de ajudar cada um a se tornar seu próprio mestre e seu único juiz. Virtude é poder, é excelência, é exigência. As virtudes são nossos valores morais, mas encarnados, tanto quanto pudermos, mas vividos, mas em ato. Sempre singulares como cada um de nós, sempre plurais, como as fraquezas que elas combatem ou corrigem. Não há bem em si: o bem não existe, está por ser feito, é o que chamamos de virtudes.[1]

Síntese inicial

O conhecimento e a prática do axiodrama podem-se dar tendo como referências quatro questões essenciais. O que é? Para quê? Para quem? Como realizá-lo?

O que é axiodrama? Surgido na segunda década do século XX, recebeu de seu criador, Moreno, uma primeira definição: "O axiodrama trata da ativação dos valores religiosos, éticos e culturais na forma espontâneo-dramática".[2] É um método sociátrico,

---

1. Comte-Sponville, A. *Pequeno tratado das grandes virtudes*. São Paulo, Martins Fontes, 1995, p. 10.
2. Moreno, J. L. *Quem sobreviverá?* 1ª ed. vol. I. Goiânia, Dimensão, 1992, p. 33.

em que o diretor de axiodrama, como agente de transformação social, lida com os valores ético-culturais dos participantes.

Para quê? Para que, mediante uma experiência de ordem vivencial, os participantes desvelem, confrontem seus quadros de valores antigos e atuais, mudando algo e isso possa implicar um estar no mundo, diferente do anterior e rotineiro.

Para quem? Para uma pessoa estendendo-se à humanidade.

Como realizar isso? Utilizando todo o instrumental técnico, metodológico, teórico e socionômico, de modo espontâneo-criativo.

Esta síntese inicial é a estação primeira de um percurso, cujo destino é: "como fazer acontecer" o axiodrama. Quanto mais claro for o que se denomina "axiodrama", maior a possibilidade de alcançarmos o seu completo significado. Para tal, julgo úteis uma introdução etimológica bem como certas considerações sobre tomar termo em *senso strictu*, de forma clássica, ou com base em um universo de significação ampliado.

Axiodrama é um vocábulo composto em português por "axio", proveniente da palavra grega *áxios, a, on*, com o sentido de valor, dignidade, merecimento e de *drama*, do grego *drâma*, que significa ação, obrigação que se cumpre, acontecimento trágico. Ele nada tem que ver, pois, em sua composição, com o étimo do latim, *axis*, cujo sentido é "eixo". É interessante notar que a palavra método constitui-se de *metá*, do grego, que significa mudança, transformação, além de, e *odos*, no grego, caminho, o que resulta na acepção de "além do caminho". *Iatrós, iatrikos*, no grego, quer dizer "médico" e, por extensão semântica, tratamento, remédio. No latim, *sociu* tem o sentido de companheiro, refere-se ao outro e assim se estrutura a palavra sociatria. Sociatria é, então, terapêutica social, cujos métodos mais conhecidos são as psicoterapias psicodramáticas, entre elas as de grupo e o sociodrama, em contraste com esse semidesconhecido, o axiodrama.

Acontecimentos axiodramáticos

Apenas há alguns anos, o axiodrama aparece nos programas científicos dos congressos brasileiros e internacionais de psicodrama, bem como em instituições e escolas formadoras de psicodramatistas. Não é verdade que o axiodrama não fosse realizado antes disso, entretanto pelas suas características não foi devidamente identificado, ou teria sido confundido, em particular, com seu método fraterno mais parecido, o sociodrama.

Cito três exemplos de acontecimentos axiodramáticos, sem que o seu diretor assim os designasse. Em 1991, no Encontro Internacional de Psicodrama, em São Paulo, Kipper coordena um *workshop* em que é dramatizada a cena de julgamento da protagonista, sobre sua conduta pessoal, com as clássicas figuras de uma audiência tradicional. Participam desse tribunal moral psicodramatistas com vasta experiência, como Perez Navarro, Naffah Neto, além do autor, sem que nenhum dos presentes revelasse que estávamos realizando um axiodrama.

Em 1996, dirigi um ato socionômico com tema prefixado, "Meu projeto profissional", estando presentes o corpo docente, alunos e convidados de um curso de formação em psicodrama. Imaginado o projeto profissional atual de cada um, são dramatizadas, sucessivamente, duas cenas projetadas para dez anos mais tarde, quando "ocorrem" o fracasso e o sucesso desse projeto. Frustração e depressão são as tônicas predominantes, audíveis e visíveis, com base nas falas e imagens corporais pessoais e coletivas do grupo, após a vivência de fracasso (desvalor universal das sociedades que cultivam o sucesso, o resultado, e não o trabalho). O alívio e alguma alegria expressos na cena seguinte compuseram a outra possibilidade diante de qualquer projeto existencial. No processamento final, ninguém nomeou esse segmento cênico como de natureza axiodramática.

Fonseca, em 1996, atuou como diretor de psicodrama público, com a participação de um agrupamento semelhante ao do exemplo anterior. Em determinada cena, a protagonista mostra-se em dúvida sobre como agir diante de uma "amiga sacana". Ela tem seu conflito explicitado dramaticamente, por meio do debate e da luta, entre seu "anjo" e seu "demônio", ou seja, personificações de suas forças e vozes interiores, do bem e do mal, na tradição cultural-religiosa brasileira. Na fase de comentários, considero ter ocorrido um episódio axiodramático; observei ao mesmo tempo expressões de surpresa, curiosidade e mesmo estranheza.

Esses exemplos ilustram, também, a *emergência* natural de *acontecimentos axiodramáticos*, de maior ou menor duração, desde "vignettes" a episódios, segmentos e atos socionômicos inteiros. Eles podem ocorrer, como será exposto adiante, com uma ou mais pessoas, grupos etc. É de supor que o progressivo conhecimento e a prática do axiodrama levarão à justa nomeação desses eventos.

Procedimentos axiodramáticos

Outra categoria é a de procedimentos axiodramáticos anunciados, contratados previamente, com ou sem tema, predeterminados, que versam sobre valores ético-culturais. O anúncio prévio não garante a realização de um axiodrama, como, aliás, em qualquer prática socionômica. Numa sessão aberta do Daimon, em São Paulo, intitulada axiodrama, dirigi um ato psicoterápico do protagonista, encenando suas difíceis relações familiares, o qual pareceu proveitoso, psicologicamente, para ele, todavia decepcionante para o diretor e outros participantes, cujo interesse eram a vivência e o conhecimento de seu mundo axiológico.

Acredito que hoje se possa "fazer acontecer" axiodrama clássico e procedimentos axiodramáticos, tanto na interação social ou grupal como também mediante dramatizações, sob a égide do "como se fosse ou estivesse". O próprio Moreno[3] em seu confronto com o "pregador"* fornece um exemplo de *diálogo axiodramático*, expressão empregada por Vieira e Lofrano[4] em artigo apresentado no 12º Congresso Brasileiro de Psicodrama, sobre o tema em debate "Valores que não têm preço".

Outra ampliação do que se entende, tradicionalmente, por axiodrama é a *leitura ou o processamento axiodramático*. A título de

---

* Registro, a partir de aqui, entre aspas, a personagem ou o papel social de uma pessoa.

3. Moreno J. L. *Quem sobreviverá? O Psicodrama de Deus, o axiodrama*. 1ª ed., vol. I, 1991. Goiânia, Dimensão, 1992, pp. 31-3.

4. Vieira, E. S. V. e Lofrano, A. C. Artigo apresentado no 12º Congresso Brasileiro de Psicodrama, 1999, sobre o tema em debate "Valores que não têm preço".

exemplo, proponho uma leitura axiodramática da mais famosa peça de Shakespeare, *Hamlet*. Em 1990, no 7º Congresso Brasileiro de Psicodrama, no Rio de Janeiro, em discussão sobre o conceito de saúde e doença, sugeri que se tomasse esse texto – o qual desdobra a tragédia da família real da Dinamarca – como um protocolo, um prontuário clínico. Foram concebidas e construídas três sessões-consultas sucessivas, em que um psiquiatra socionomista estaria com a rainha, o rei e o príncipe Hamlet. Gertrudes mostra-se confusa, culpada, angustiada, pedindo ajuda ao filho tresloucado. Cláudio, rei e tio de Hamlet, pede ao profissional que cuide do sobrinho, internando-o em um sanatório de doenças nervosas, movido evidentemente por motivos pessoais e políticos. Hamlet, em sua consulta, revela seu momento existencial, ou seja, falando sozinho, declamando seu conhecido monólogo, *to be or not to be, that is the question*. Eis um processamento axiodramático.

Hamlet, atormentado pela revelação do fantasma do pai – de que teria sido morto por Cláudio –, é um homem que se encontra à deriva. Num lampejo inventivo, ele busca a verdade sobre os acontecimentos, usando a técnica psicodramática do espelho. A encenação do envenenamento de um rei, em cena estruturada, segundo as circunstâncias descritas pela fantasma, transtorna o rei, suspeito do homicídio do irmão, que interrompe a encenação. Como psicodramatista, Hamlet recorre a um "ego-auxiliar" confiável, seu amigo Horácio, para confirmar a veracidade de sua observação e conclusão. É o clímax, a peripécia do enredo. O príncipe transformado pela revelação da verdade encontra sentido e valor para a sua existência: a vingança, em respeito e amor à memória do pai. O crime de sangue contra uma pessoa de sua família tinha de ser reparado. O desfecho trágico o encontra, senão em paz, consciente de sua condição humana, joguete de circunstâncias as quais o enredam em um trama-drama, que urge ser narrado aos pósteros, com respeito à verdade dos fatos.

Na tentativa de elaborar um lema para o brasão de Hamlet, exprimindo seus valores ético-culturais, talvez ele fosse: justiça, honra, compaixão. O texto teatral ilustra a transformação existencial, ditada pela descoberta de uma verdade essencial, segundo um procedimento técnico psicodramático. Não é esse o ciclo axiodramático?

Referenciais teóricos

Para melhor compreender a teoria da prática axiodramática, pontuarei três referências teóricas, estruturantes da minha atual concepção do todo técnico, metodológico, teórico e psicodramático (socionomia).

O homem como ser-em-relação está *sempre* em cena, em vínculos constituídos por seus leques de papéis, atores cumprindo enredos peculiares a cada contexto. Essas cenas não se confinam aos palcos do teatro tradicional, nem ao espaço convencionado como "contexto psicodramático". Dão-se sucessivamente, em outros *locus*, como sonhos ou devaneios ou como cenas intrusas na interação social manifesta.

O homem pode-se fazer objeto de auto-observação, "vivencia-se". Percebe-se como pessoa, como corpo, como alma. Observador-participante do que lhe acontece, mantém-se como ator e assistente de suas cenas, quer em vigília (devaneios), quer adormecido (sonhos recordados ou não).

As cenas dos sonhos lembram formalmente pantomimas, às vezes com algumas impressões auditivas ou parecem cenas de cinema mudo, mas seu enredo é derivado de um conjunto de pensamentos e emoções latentes, transformados em personagens, que interagem "como se" fossem reais, com vivência de toda a gama dramática, cômica ou trágica.[5]

Na cena, necessariamente dinâmica, há um movimento vincular, isto é, os atores constituindo esses vínculos com seus leques de papéis, também cambiantes. O que se pode observar de

---

5. Mezher, A. "Esboço de uma teoria de cenas". Anais do 1º Congresso Ibero-americano de Psicodrama. Salamanca, Universidade de Salamanca, 1997, pp. 99-101.

modo sensorial bem como vivenciar subjetivamente é um recorte da cena global. Captam-se as *ações* nos papéis.

Outro ponto a considerar é como se dá a modulação consciente–inconsciente intrínseca dos papéis integrantes desse leque, condicionando determinados desempenhos, segmentos iluminados do todo interacional.

A teoria das transformações, que subverte conceitos da filosofia, da matemática e de outras disciplinas, foi divulgada e utilizada por Bion[6] na abordagem crítica à prática psicanalítica. É mais uma teoria de observação.[7] À luz dessa teoria, nosso outro pilar teórico, a psicodramatização equivale a uma transformação cênica de fatos subjetivos ou objetivos, passados ou presentes. Na existência do homem nada se repete, embora subjetiva e objetivamente fenômenos, acontecimentos, fatos guardem alguma semelhança formal e sensorial. A propósito, tal idéia alicerça, a meu pensar, o conceito de momento e a teoria da espontaneidade criadora de Moreno.

É escassa e esparsa a publicação de teoria sobre a práxis axiodramática. Nesse panorama, é fundamental a leitura do artigo de Alvarez Valcarce,[8] em que são estudados os princípios axiológicos, em estreita correlação com os conceitos básicos do psicodrama, em *lato sensu*, e do método axiodramático, em particular.

Parece-me original e da maior valia seu conceito de *campo axiológico*:

O método axiodramático considera as formas como valores em caminho de encarnar-se... As formas que emergem no processo espontâneo-criador revelam ou fazem observável o campo axioló-

---

6. Bion, W. R. *Transformaciones. Del aprendizaje al crecimiento.* Buenos Aires, Centro Editor da América Latina, 1965.

7. Junqueira Filho, L. C. "A elaboração teórica e o trabalho clínico". Trabalho de credenciamento a sócio efetivo da Sociedade de Psicanálise de São Paulo.

8. Alvarez Valcarce, P. "Axiología y Psicodrama". Anais do 1º Congresso Ibero-americano de Psicodrama. Salamanca, Universidade de Salamanca, 1997, pp. 81-90.

gico... É por isso que no axiodrama dá-se especial ênfase à semiologia da imagem visual, no icônico como linguagem significante... Trabalhar axiodramaticamente supõe que os fenômenos considerados recebam um valor de circunstância, refletindo os indivíduos que dele participam, isto é, que os fenômenos submerjam num campo axiológico e sofram modificações significativas, segundo as ordens de valor projetadas sobre eles... O diretor de axiodrama deverá criar campos axiológicos, onde as formas tendem a se desenvolver para uma maior força de composição, para uma estruturação mais harmônica e integrada.[9]

Requisito para alguém submergir e permanecer em campo axiológico é uma clara *consciência axiológica*, conhecimento histórico e atual de seu quadro de valores ético-culturais. A criação de um campo axiológico é essencial para a realização do axiodrama. Para tanto é indispensável que, pelo menos o diretor, mantenha-se nele ao longo do trabalho.

Com isso, o axiodramatista pode induzir os outros participantes a ingressar em campo axiológico, de modo análogo ao proposto por Moreno, quando afirma que espontaneidade gera espontaneidade.

Os procedimentos axiodramáticos são experiências de qualidade vivencial, que buscam não só uma melhor consciência axiológica, mas também conhecimentos que impliquem mudança, de um *role-taking* a um *role-creating*, modulado por uma nova ordem ética. O gesto original é signo de uma efetiva transformação existencial, *sob nova direção*...

É da Etologia o conceito de iluminação de campo, em que o animal sedento ou faminto, por exemplo, estando em campo tenso, tem atenção seletiva para indícios da existência de água ou de alimento. Considero pertinente a analogia: o axiodramatista, com interesse, conhecimento, lúcida consciência axiológica, tem foco polarizado em valores éticos, o que pode facilitar sua manutenção em campo axiológico. Mais ainda, ele pode fun-

---

9. Alvarez Valcarce, P., op. cit., p. 83.

cionar como iluminador, "lanterninha axiológico", para os que estão no escuro do desconhecimento dessa dimensão pessoal.

Talvez isso também explique por que as modalidades axiodramáticas, apenas, recentemente, estão sendo identificadas, publicadas e praticadas com tal nome.

Outro enlace teórico importante é o da sociometria e do axiodrama, visto ambos estarem assentados nos conceitos de critério e escolha. Segundo Abbagnano:

> [...] a melhor definição de valor é a que o considera como possibilidade de *escolha*, isto é, como uma disciplina inteligente das escolhas, que pode conduzir a eliminar algumas delas ou a declará-las irracionais ou nocivas e pode conduzir (e conduz) a privilegiar outras, ditando a sua repetição sempre que determinadas condições se verifiquem.[10]

Para quem ou com quem acontece o "axiodrama"

A resposta-provocação da síntese inicial – desde uma pessoa até a humanidade – explicita-se neste tópico. Axiodrama, entre aspas, porque num sentido amplo, além do tradicional.

Uma pessoa, quando em sonho, encena uma situação de julgamento ético, resultando sentenças condenatórias ou de absolvição. O "sonhador" é o autor do enredo, que se desdobra, em seu palco íntimo, como uma dramatização qualquer. A condenação leva ao castigo, como sentimentos de angústia e de culpa e/ou a cenas sucessivas de sofrimento físico, vivenciados como se fossem "reais". O despertar de alguém com pavor noturno interrompe a encenação. O freqüente pensamento é, às vezes – expresso em fala nessa ocasião –, algo assim: "Que alívio, ainda bem que não foi verdade". Mas cumpriu-se um ciclo axiodramático.

Uma pessoa em vigília pode induzir cenas imaginadas, devaneios os mais variados, em que desempenha os papéis de

---

10. Abbagnano, N. *Dicionário de filosofia*. 2ª ed. São Paulo, Martins Fontes, 1998, p. 993.

dramaturgo, produtor, ator e assistente. Se estiver em campo axiológico, tal devaneio pode-se transformar em um acontecimento axiodramático. Por exemplo, um réu confesso volta ao local do crime para, penitenciando-se, iniciar a expiação da culpa que o persegue (cena recorrente).

Do ponto de vista metodológico, os sonhos, os devaneios assemelham-se ao *autodrama*, procedimento proposto por Moreno, de passagem, e ignorado pelos psicodramatistas. Aqueles se dão no reino do imaginário, mas diferem na realização cênica pela concretude física visível do jogo cênico do autodrama.

Os sócios de um procedimento axiodramático podem ser todos os humanos, muitas vezes não merecedores de seu nome de batismo – *Homo sapiens.*

A realização de um axiodrama universal, por intermédio da televisão interativa e de outros recursos da mídia moderna, constitui um sonho, um projeto grandioso, mas sem dúvida mais do que nunca necessário nestes tristes tempos, em tristes terras.

Confessado o projeto utópico, voltemos ao cotidiano brasileiro. Os procedimentos axiodramáticos e o sociodrama, métodos sociátricos, são terapêuticas sociais, a cargo não só de médicos psiquiatras e psicólogos clínicos, mas também de outros profissionais da área educacional. Como bem lembra Perazzo,[11] é imprescindível que tenham habilidade e habilitação (formação psicodramática) para esse mister.

Os procedimentos axiodramáticos não se realizam apenas com agrupamentos convocados para tal ato, mas também, eventualmente, na díade psicoterápica e no atendimento a casais, famílias e em processos psicoterápicos grupais. Essas práticas são, inclusive, mais freqüentes em nosso cotidiano clínico.

Pode parecer, à primeira leitura, que o autor, entusiasmado com o "brinquedo novo", veja o axiodrama em toda parte. Todavia, não é verdade que o homem, em sua existência, está num tribunal em audiência permanente, julgando-se eticamente, quando as sessões se instalam e se concluem? O certo e o errado, o bem

---

11. Perazzo, S. *Fragmentos de um olhar psicodramático.* Uma encruzilhada ética. São Paulo, Ágora, 1999, pp. 39-49.

e o mal, o nobre e o vil, o feio e o bonito, o justo e o injusto bem como outros pares antitéticos de valores e desvalores não ditam sentenças das quais algumas, de modo claro e consciente, tomamos conhecimento e outras não?

O processo histórico de aprendizagem de um papel acontece na família e em outras agências sociais, um longo *role-playing*, segundo o princípio da "adequação social", com o que se submete a pessoa à ordem cultural, em que esses valores e desvalores morais regem a estruturação desse papel. Estes se assemelham ao "cimento" do modelo organizado de condutas prescrito pela sociedade, no desempenho do referido papel. Numa parede, notamos mais a alvenaria ou os tijolos expostos, do que o cimento, aparentemente coadjuvante...

Se é verdade que nada mais prático do que uma boa teoria, julguemos o valor de nossas referências teóricas em situações da práxis clínica e da terapia social. A temática conflitiva no vínculo amoroso é o trivial das sessões psicoterápicas, quer com os dois litigantes presentes, quer quando sós, diante do psicodramatista, apresentam seu drama. O exemplo a seguir é ilustrativo:

O dilema de Roberta

A "cliente", com 37 anos de idade biológica, um casal de filhos, bem-sucedida profissionalmente, católica, está atormentada pela dúvida quanto a separar-se ou não do marido, Leandro. Seu problema conjugal é sintetizado na frase: "Não sei se é melhor só, do que mal acompanhada". Revela medo de não encontrar outro parceiro, que a realize amorosamente e com isso se cumpra fala marcante da mãe, profética talvez, de que ela por seu gênio difícil, exigente, terminaria solitária em sua velhice.

É representada sua cena temida e desejada, projetada no futuro, quando ela já está separada do marido. Nela vivencia insegurança emocional, sente-se culpada por afastar o pai de seus filhos, no cotidiano familiar. Revela auto-imagem ("eu interior" no jargão moreniano) depreciada. Associa esta cena a outras e elege uma terceira vivenciada em sua infância, que é dramatizada: Roberta-criança se sente muito frágil, abandonada pelos pais. Chora convulsivamente. A reparação é iniciada pelo encontro com a Roberta-adulta, a quem promete cuidar bem de si. É uma sessão grupal, vivenciada e compartilhada intensamente. No encontro, seguinte, ela comenta a importância da sessão descrita. Decide, algum tempo depois, afastar-se do cônjuge e o faz efetivamente.

Roberta e Leandro naturalmente são nomes fictícios, contudo os fatos passados com aquela mulher, aqui recordados por mim, estão transcritos com alguma veracidade. *Tradutore, traditore.* Um abreviado processamento axiodramático desse protocolo pode ser ferramenta útil na futura abordagem de valores ético-culturais e religiosos.

Na perspectiva psicoterápica, o curso do trabalho foi um sucesso. Roberta está melhor consigo e com os outros. Enfrentou seu dilema conjugal (continuar ou não casada, eis a questão), fez uma escolha consciente de seus custos e benefícios (escolha negativa, sociometricamente, em relação a Leandro como marido, mas positiva como amigo).

Na dimensão axiológica, o quadro mostra-se de forma distinta, e as questões suscitadas revelam a complexidade de nosso ofício, nesse nível. À guisa de discussão, imaginemos três solilóquios.

Em alguma oportunidade, após a separação conjugal, Leandro padeceria com o monólogo: "Fui condenado em julgamento *injusto*, à revelia: não pude apresentar minha versão, minha defesa, sobre a crise de meu casamento, para aquele grupo e para o Dr. Anibal. Maldito psicodrama! Ela tinha um *compromisso* comigo, somos *católicos*. Ela foi *desleal*, *egoísta*, não me deu uma última chance. Eu continuo a *amá-la* e quero voltar a viver com ela, com meus filhos. Perdi meu *lar*, minha *família*. Fiz tudo certo e hoje estou aqui padecendo, sozinho, "nesta noite fria".

Nesse desencontro de valores e desvalores morais, Roberta, provavelmente, na mesma ocasião e em outro lugar, cogitaria: "Foi duro, mas foi a melhor coisa que fiz, o melhor possível. Ainda bem que me *respeitei*, ousei fazer o mais difícil, mesmo com o contra da minha mãe. Sinto-me *livre*, aberta a um novo namoro, mas o mercado de homem está ruim. Para sobreviver é preciso ser um pouco *egoísta*. Tenho *pena* do Leandro, mas não dava mesmo... Não seria *justo* sacrificar o resto da minha vida, por causa de um juramento no altar e pelo fato de ele ser um *bom* pai. Tenho direito a ser *feliz*".

Solilóquio do diretor, no verão 2000-2001: "Não é fácil o tal de *role-creating*", a *ação espontâneo-criativa*. Talvez para não influenciar Roberta, naquele momento de profundo dilema, teria sido mais prudente, em vez de tentar reassegurá-la, rompendo o mito pessoal de fragilidade – de que não agüentaria a barra de viver divorciada e terminaria confirmada a praga materna, de envelhecer solitariamente –, ter conduzido aquela sessão de modo diferente. Poderia ter proposto uma cena alternativa à primeira, na qual ela continuaria casada com Leandro, em tempo futuro. Por que não procedi como naquele ato socionômico, em que trabalhei com *sucesso* e *fracasso* do projeto profissional? O marido deve querer ver 'psico' a distância. Eu *trabalhei respeitando* o direito de *liberdade* de escolha de Roberta!".

O mapeamento axiológico desse campo de forças, em harmonia e choque, estaria mais completo e preciso se fossem levantados os quadros de valores e desvalores éticos dos outros participantes do grupo, agentes psicoterapêuticos no processo de Roberta.

A eleição desse exemplo, em que virtudes e desvalores morais foram sublinhados, atesta a falácia da neutralidade do psicoterapeuta e do axiodramatista em seu campo operativo profissional. Esse engajamento não é o que acontece também com o sociodramatista, pois, quando regido por sua preferência ideológica, ele não acaba a serviço de ações políticas, mascaradas pela técnica e justificadas pela razão?

O esboço do drama de Roberta e Leandro, à semelhança do roteiro de uma peça teatral, pode ser visto e interpretado baseado em muitos vértices: da psicodinâmica, da teoria de sistemas, da teoria da comunicação etc. À luz de uma teoria de cenas e com óptica axiológico-existencial, formulamos uma hipótese compreensiva para as circunstâncias que levaram à eclosão da crise conjugal e a seu desfecho. Roberta percebia-se realizada como mãe, profissional, mas sua insatisfação e mal-estar indefinido crescentes, além de somatizações, eram inexplicáveis segundo o senso comum, pois tinha tudo para ser feliz.

A psicoterapia contribuiu, numa sucessão de conscientizações, para que ela se desse conta de seu vazio amoroso – hoje ela está casada com um "amigo", ex-namorado. Subversiva verdade. Passo seguinte: o desejo crescente de uma relação amorosa, de um novo namorado. Sonho perturbador, em si, e também frustrante por não poder realizá-lo com Leandro. Está cansada de *assistir* a cenas de amor e sexo, na TV, no cinema, bem como às de namoro em seu entorno. Quer participar como *atriz*, protagonista de cenas romântico-erotizadas, as quais a farão sentir-se incluída na festa da vida. Amor correspondido, mutuamente especial, e então a felicidade (novo projeto existencial).

E agora Roberta? Sua consciência ética não a libera para uma "aventura" extraconjugal (cena proibida), pois você quer fazer as coisas direito, às claras, respeitando o marido até o fim do casamento. A resolução de seu dilema, decidindo pelo divórcio, precipita o conflito conjugal, pois Leandro não aceita o distrato unilateral do casamento, apegado ao antigo projeto de família, estruturado segundo valores morais tradicionais (ainda segundo a versão de Roberta sobre ele). Habituados a "psicologizar" qualquer tipo de situação conflitiva entre as pessoas, não enxergamos ou valorizamos outra natureza de conflitos, tão ou mais importantes.

A constituição do novo projeto existencial de Roberta, a realização amorosa, está alicerçada na virtude do amor e em outros valores éticos, agora ressignificados. Dessa forma, respeito passa a ser prioritariamente respeito por si mesma e não submissão formal a compromissos do passado. O valor justiça é entendido como direito à felicidade, mesmo que o outro, Leandro, fique infeliz, pelo legítimo exercício da liberdade de escolha. Ela busca uma posição justa entre uma atitude "egoísta" e um altruísmo compulsivo, hipócrita. Seu valor religioso está declinante nesse novo momento existencial, e ela descumpre a promessa de ficarem casados até que a morte os separe. Cultiva a fidelidade conjugal e a honestidade, revelando a verdade sobre sua opção pelo divórcio, dada a inexistência de um vínculo de amor homem–mulher bem como seu projeto de tentar realizá-lo.

Podem-se imaginar os valores morais essenciais de Leandro e perceber como eles estão distantes, diferentes, conflitantes com os de Roberta. Isso configura um severo *conflito axiológico*, o que torna pouco compatível esse casamento. Se continuassem juntos, quão tormentosa seria sua vida de casal. Vínculo[12] vem do latim, *vinculu*, com os sentidos de ligação, cadeias, algemas para prisioneiros...

Os conflitos de essência axiológica instalados em qualquer vínculo encaminham-no para uma rota trágica, às vezes como um vírus letal, em especial nas ligações familiares e conjugais, nas quais as expectativas mútuas, a importância atribuída, o investimento afetivo são maiores.

Trabalhando com casais desde 1967, somente na última década pude melhor identificar conflitos axiológicos, conferir-lhes maior valência, o que implicou mudança técnico-metodológica na abordagem psicoterápica desses pares à deriva. Podem-se propor e realizar procedimentos axiodramáticos com casais e famílias, ou, valendo-se de temas emergentes, dar-lhes tratamento axiodramático.

A questão principal – *como fazer acontecer o axiodrama* – será enfrentada mediante o roteiro: descrição de um axiodrama, seu processamento, discussão sobre métodos sociátricos e apresentação de estratégia e de um elenco de técnicas-táticas, pertinentes aos procedimentos axiodramáticos.

Protocolo de um axiodrama

Goiás, 1996, X Congresso Brasileiro de Psicodrama. Uma tarde quente, e as pessoas começam a adentrar a sala onde está programado um axiodrama. O diretor inicia perguntando-lhes o que as trazia àquela "vivência". As respostas convergiam: curiosidade em conhecer o axiodrama, observar como seria conduzido o trabalho, expectativa favoravelmente preconcebida em relação à qualidade do acontecimento iminente e vínculos afetivos. Compõe-se um agrupamento de trinta congressistas, entre eles dois

---

12. Machado, J. P. *Dicionário etimológico da língua portuguesa*. 5ª ed., 5º vol. Lisboa, Livros Horizonte, 1989, p. 397.

acompanhantes. O coordenador ressalta: "O que vai acontecer é imprevisível, produto e fruto do trabalho de todos".

Proponho a elaboração de um lema pessoal, formado por até três valores essenciais, que regem a existência de cada um, naquele momento. Seria o equivalente, na dimensão pessoal, aos lemas presentes no brasão da cidade de São Paulo – *Non ducor, duco*, não sou conduzido, conduzo – e na bandeira brasileira, "Ordem e Progresso". Não cito nenhuma virtude ou desvalor moral.

Para tal, sugiro que se acomodem, não se tocando fisicamente, silenciem, cerrem os olhos e deixem brotar, livremente, em seu íntimo, valores ou algo que assim lhes pareça, escolhendo os componentes e sua ordem no lema. Feito isso, cuja conclusão é sinalizada ao diretor, segundo instrução prévia, todos permanecem, em silêncio, "visualizando" esse segmento de seu brasão, aguardando os demais terminarem a tarefa.

Passo seguinte: de olhos abertos, pede-se que elejam e revelem um desses valores. Destacam-se justiça, respeito, honestidade, lealdade, verdade, amor, trabalho, entre as virtudes declaradas.

O coordenador propõe um *jogo dramático*: jogo livre, sem enredo prévio, entre personagens de livre escolha dos interessados. Convenciono que a "entrada" no papel psicodramático será marcada pelo levantar-se da cadeira ou do chão. Sem grande demora, no espaço central da sala quadrangular, estabelece-se o diálogo, às vezes polêmico, entre, pares de "Cristo", "Moreno" e "Gandhi", acerca de religião, da existência humana e temáticas afins. Eis que se apresenta um "cidadão brasileiro", dizendo-se cansado desse "papo-cabeça", em que se fala muito e pouco se faz. "Queria ver vocês, no Brasil, diante de um problema real, por exemplo, o de meninos de rua."

O diretor corta a encenação, consulta o grupo sobre essa proposta, que é acolhida de imediato. É eleita a situação de um menino de rua, encaminhado à Fundação Estadual do Bem-Estar do Menor (Febem).

A *representação dramática* tem como palco uma calçada paulistana, à luz do dia, e nela um "menino de rua" que, ao ser recolhido por um "policial militar", rebela-se, resistindo fisicamente e sendo semi-arrastado para a viatura. "Transeuntes" formando um semi círculo em torno do par comentam ou expressam mediante solilóquios: "Isso é injusto"; "É uma vergonha"; "Que barbaridade"; "Morro de pena desse coitado"; "Não suporto esta cena!"; "O que fazer?". Uma "motorista", pela janela fechada do carro: "Vai pra uma Febem da vida, e logo estará aqui me assaltando". Outro "motorista": "Que esse pivete se dane, o que eu quero é ver o programa da Xuxa na TV".

O diretor instala um "portal" numa das extremidades do espaço cênico e por ele retornam um "Moreno", um "Gandhi" e um "Cristo". Posicionam-se ao longo da roda de observadores, com falas que logo se tornam anódinas, previsíveis, ecoando vazias. Não há mudança no curso dramático, acentuando um clima tenso, de mal-estar. O diretor interrompe a cena "congelando" o conjunto "policial militar-menino", pedindo que os demais saiam do palco. Libera a possibilidade de modificar a escultura, mas no final da intervenção acabariam estáticos como ela. Forma-se um "leque" de participantes em torno do "infante", "cacho" ou "alcachofra" exprimindo-lhe afeição e proteção, corporalmente, e rompendo seu vínculo físico com o "militar". Os solilóquios desses participantes confirmam tal impressão, revelando pena, amor, bem como alívio e certo apaziguamento mediante a possibilidade de fazer algo pela "criança". Escapa um ou outro olhar hostil para o "PM".

A cena é comovente, envolvendo toda a platéia, mas enquanto isso o "militar", contemplando as costas dos componentes do "leque", como um vazio em seu entorno, parece surpreso, sem saber o que fazer. Peço que faça um monólogo. Nele, a tônica é a de que está cumprindo sua obrigação e não entende o que se passa ali. Outros tomam sucessivamente o papel do "PM", até a vez de "Raimundo", em cujo solilóquio confessa sentir pena do garoto, sem futuro, o qual deve ter a mesma idade de um de seus filhos. "É o único emprego que pude arranjar em São Paulo e preciso dele para sustentar minha família." Mas tem de cumprir a ordem recebida para "limpar" a rua, recolhendo aqueles meninos, atendendo à queixa dos moradores das casas vizinhas. Sabe que a Febem é mais uma escola do crime, contudo nada pode fazer para impedir que esse garoto seja lá internado. "Na Febem, esse garoto ao menos tem casa, comida, banho e pode aprender alguma profissão. O diabo é que às vezes aprende com os maus elementos e vira bandido. Na rua é que ele não tem nenhuma chance. Dos males, o menor." "Raimundo", emocionado e emocionando, galvaniza a atenção dos atores e da platéia. O "leque" foi, progressivamente, se abrindo e agora tem uma forma de U, voltado para o "PM". O tórax dos integrantes inclina-se em direção ao "policial militar"; parte das mãos afasta-se da cabeça e dos ombros do "garoto"; dois participantes do "leque", cabisbaixos, fazem movimentos pendulares em direção ao "PM". Segue-se um silêncio carregado de um misto de mal-estar, perplexidade e algo mais.

Faltam dez minutos para o final da vivência, e o diretor decide interromper o trabalho cênico. O *compartilhamento* inicia-se com silêncio reflexivo, em clima ainda trágico, com pouca movimentação física. As falas começam com dificuldade, espaçadas, curtas. "A dramatização mexeu muito comigo" (endossada corporalmente por alguns). "Sinceramente, não tinha pensado na situação do 'PM', que barra!" Outro brinca: "Policial também é gente...". "É difícil fazer alguma coisa com esse problema." "O buraco é mais embaixo."

O compartilhar parece se dar mais pelo "não dito", dada a atitude e o ritmo corporal dos participantes e suas "fácies", predominantemente indagativo-exclamativas. O diretor agradece à colaboração e encerra o axiodrama.

Processamento

Esta análise impõe-se como um recurso didático, um facilitador na discussão de "como realizar um axiodrama", e sinto-me, pois, obrigado a resistir a outras tentadoras leituras ou elucubrações acerca do axiodrama. Escrever implica eleger, eleger implica perder, perder implica sofrer...

A técnica de elaboração do lema pessoal, experiência subjetiva e com isso mais protegida, foi então escolhida para iniciar o processo de preparação* para aproximação e ingresso em campo

---

* Tradução mais correta de *warming up*, mais apropriada que "aquecimento", ou "caldeamiento", no espanhol, equívocos consagrados.

axiológico. Cada participante ao revelar um valor, provavelmente sua primeira eleição, de acordo com o critério de importância na regência de sua vida, contribui com esse segmento, para a feitura de um esboço inicial do mapeamento axiológico do agrupamento.

A escolha de personagens do jogo dramático, dada a preparação para o campo ético, volta-se mais para estrelas do mundo religioso, político, psicodramático, heróis com a condição comum de agentes transformadores da humanidade, em seu contexto e sua dimensão histórica.

O tema protagônico, cujo arauto é o "cidadão brasileiro", dá o rumo ao trabalho, sugerindo a necessidade de maior compromisso pessoal dos presentes no axiodrama e, possivelmente, no "lá e então" desse drama emblemático das grandes cidades do Brasil.

A representação dramática da cena de rua mobiliza uma variada gama de emoções, revela valores virtuosos (indignação, solidariedade, justiça) e é verossímil, pois, pela primeira vez, surgem desvalores, segundo a tradição ético-cultural brasileira (medo, ódio, desprezo, egoísmo). A revelação, verbal ou dramática, desta sombria e censurada faceta humana é indicador prático importante, numa busca axiodramática pautada pela verdade. Outro aspecto relevante dessa representação da violência explícita do drama social, de que os "paulistanos" não podem escapar, está em que a "ação física" do "PM", única na cena, é tomada como manifestação de truculência policial.

O segmento cênico seguinte assemelha-se, metodologicamente, ao teatro espontâneo, em que o "portal" é um recurso técnico, organizador para a entrada de quaisquer personagens, intervindo livremente na cena em curso. Na cena, ainda vivaz, o retorno dos "heróis", num *role-taking* convencional, resulta em fracasso quanto a mudar o fluxo dramático, que tornado lento caminha para um impasse. Talvez a expectativa idealizada, de caráter messiânico, neles depositada e frustrada, tenha acentuado o sentimento predominante de impotência, com bloqueio da espontaneidade criadora dos participantes, desistindo assim de criar algo novo. Se os super-homens não são capazes de enfrentar esse problema, quem somos nós para tal? Mas esse momento cênico não retrata a vivência dos cidadãos nas calçadas paulistanas, à espera de "salvadores", como um bom governo, uma boa Febem? O congelamento do par, segmento de cena que se torna imagem, foi uma maximização do que acontecia e possibilitou outra via dramática: a de trabalhar com imagens, esculturas ou alegorias. A imagem formada pelo "leque" e o "PM" isolado foi-me surpreendente e esclarecedora, e sua compreensão serviu de chave dramática para o restante do axiodrama.

O "leque" constituiu-se a partir de escolhas pessoais, influenciadas por sentimentos e valores morais nobres (amor, piedade, justiça), mas tornou-se uma *gestalt*, que parecia bastar-se, não enxergando o que se passava em volta, realizando, parcialmente, o desejo de um *happy end*. O "menino de rua" internado neste "leque", ilha "do bem", vítima social, estaria amado e protegido do mundo mau de fora, representado pelo "PM" e pela Febem: maniqueísmo explícito.

A cena devassou, também, a indiferença, o abandono, a exclusão, a marginalização do "PM", em moldes semelhantes aos mecanismos socioeconômicos e políticos, perversos, que produzem e mantêm "meninos de rua", violência explícita desse drama social, de que os "paulistanos" não podem escapar... Seria isso devido à *vilanização* do "PM", "lobo mau" da história, com sua extensão devoradora – Febem –, daí não estariam os participantes do "leque" desempenhando, no inconsciente, os papéis de "caçadores", eliminando simbolicamente o "PM", como se este não fosse ninguém?

Outra leitura: o policial militar "identificado como representante da ordem social injusta e repressora, que marginaliza crianças e outras minorias desprotegidas, não estaria sofrendo uma retaliação, uma inversão de papéis punitiva? A imagem, numa óptica axiodramática, configura uma cena de desrespeito, de reificação do "PM". Onde estarão as ações conseqüentes, regidas por justiça e respeito, virtudes destacadas no mapeamento ético inicial? Verificou-se uma dissociação entre declarações e ações, no "aqui-e-agora" do axiodrama. Condutas similares são freqüentes em nosso dia-a-dia, justificando o dito popular, "Falar é fácil, difícil é fazer". A propósito disso, faz-se oportuna a reflexão sobre a epígrafe do capítulo, de Comte-Sponville.

As razões mais prováveis para que o diretor optasse pela proposta técnica de tomada de papel do "PM" foram a compreensão, ao menos parcial, de sua vilanização e o maniqueísmo grassante no "leque", um simplismo.

Os integrantes da platéia, talvez por estarem menos envolvidos emocionalmente com a sociodinâmica aprisionante e autosuficiente do "leque", simulacro de "família feliz", lugar onde deve estar toda criança (produção desejante), puderam entrar no papel do "PM" e realizar seus solilóquios.

O foco de atenção deslocou-se do "leque" para o "PM", iluminando seu drama pessoal, declamado por "Raimundo". Nele vislumbram-se virtudes regentes como trabalho, disciplina, família, piedade. Vira gente comum.

Na perspectiva axiodramática, o acontecimento mais importante, em termos de transformação axiológica foi a abertura do "leque", da forma de O para a de U. Alvarez Valcarce[13] postula que a mudança de uma forma-idéia traduz uma mudança de valor e isso, objetivamente, ocorreu. É o clímax, a peripécia desse axiodrama. A partir desse momento, a vivência do diretor é estar em um *grupo humano*, experimentando algo novo. O compartilhamento pouco esclarecerá sobre a repercussão pessoal, na dimensão axiológica.

Devo dizer que o conflito dramático central do drama de "meninos de rua" estava suficientemente enunciado. Não houve resolução dramática, mesmo com um grupo preparado para tal, por limitação de tempo. Poderíamos, então, mudar o título da descrição do acontecimento processado: "Protocolo do primeiro ato de um axiodrama". Convido o leitor a imaginar o segundo ato.

Encruzilhada metodológica

A elaboração do processamento do "protocolo de um axiodrama" enredou-me na babel dos métodos da socionomia, em geral, e do sociodrama, em particular. Acrescente-se que inovações metodológicas, como multiplicação dramática, teatro de

---

13. Alvarez Valcarce, P., op. cit.

reprise, retramatização, psicoterapia da relação, gerontodrama, teatro do oprimido, sociodrama religioso etc., enriquecem o acervo clássico. Isso torna complexo, mas indispensável, seu estudo teórico, com rigor conceitual e semântico, visando a uma sistematização metodológica atualizada. É trabalho de fôlego, talvez, servindo como um "esperanto" para os discípulos de Moreno.

A questão crucial, neste tópico, é a discussão sobre o que se entende por "sociodrama" e "axiodrama". Há controvérsia a respeito: às vezes, o último é considerado sociodrama; outros restringem os termos para trabalho com grupos etc. Na definição original de Moreno,[14] sociodrama é um método de ação profunda referente à relações intergrupais e às ideologias coletivas, lidando com identidades sociais e visando à catarse coletiva, comunitária.

O protocolo psicodramático[15] – o problema das relações entre negros e brancos – é tomado como modelo de sociodrama, mas, sem dúvida, constitui exemplo antológico de outra terapêutica social, o *etnodrama*. Este é conceituado como: "[...] uma síntese do psicodrama com as pesquisas de problemas étnicos, de conflitos de grupos e étnicos (pretos e brancos, árabes e judeus, hindus e maometanos)".[16]

O termo etnodrama é inadequado para designar trabalho sociátrico com os dois últimos conflitos, predominantemente de natureza político-religiosa. Seriam pertinentes os neologismos metodológicos "religioso-político-drama" ou "sociodrama político-religioso"?

Eis o dilema que precisa ser resolvido: ou tomamos sociodrama como substantivo, indicando mediante adjetivos os vários campos de ação (axiológico, etnológico, político, artístico, religioso etc., isolados ou compostos), criando "tipos" de sociodrama, ou seguimos a classificação tradicional de Moreno, que destaca axiodrama (campo axiológico-religioso), etnodrama (síntese de

---

14. Moreno, J. L. *Psicomúsica y sociodrama*. Buenos Aires, Hormé, 1965, pp. 149-61.

15. Moreno, J. L., op. cit., pp. 162-88.

16. Moreno, J. L. *Psicoterapia de grupo e psicodrama*. São Paulo, Mestre Jou, 1974, p. 123.

etnologia e psicodrama), do universo de significação de "socio-drama". A meu juízo, é preferível a última opção.

Meu atual critério conceitual para identificação da natureza, tanto de um diálogo como de uma ação dramática, está estruturado, segundo uma tríplice óptica: dimensão em que o tema emergente é trabalhado, os tipos de focalização das cenas manifestas e a vivência dos participantes, subjetivação pessoal dessa realidade objetiva. O drama declamado pelo emergente pode ser abordado em nível pessoal e/ou coletivo, independentemente do número de participantes dessa prática socionômica.

Numa dimensão pessoal, o tema enunciado pelo emergente pode ser convertido em dramatização, em que o protagonista objetiva seu enredo conflitivo, em busca de solução, como expressão de seu íntimo, de seu mundo privado. É o exemplo de Roberta, descrito na p. 105.

A condição essencial para que o tema-drama seja tratado na dimensão coletiva é a de que as personagens surjam e se mantenham como "re-apresentantes" fidedignos de um "nós" (casal, família, grupos, categorias e classes sociais, instituições) em conflitos sociais, de conhecimento e interesse público, cerne e dínamo da ação dramática.

A síntese do método psicodramático com as ciências (psicologia, psicanálise, sociologia, etnologia, política), com a filosofia (axiologia) e com a religião é o nosso objeto de estudo, gerador de conhecimentos que fundamentam as intervenções terapêuticas, específicas de cada campo.

A segunda perspectiva na escolha da designação do tipo de método aplicado deve, também, se guiar pela focalização predominante das cenas manifestas,[17] versando sobre um ou outro domínio. Às vezes, ilumina-se apenas um deles, outras, campos limítrofes, e daí os nomes pertinentes.

O terceiro olhar a ser considerado na qualificação e direção de um método socionômico é o conhecimento da própria vivência, a experiência subjetiva desse acontecimento, tomado como

---

17. Menegazzo, C. M. et al. *Dicionário de psicodrama*. São Paulo, Ágora, 1995, pp. 164-5.

realidade objetiva. Os participantes de uma encenação, platéia, "egos-auxiliares", se houver, e diretor vão vivenciá-la, de modo distinto, ou, por vezes, parcialmente similar. Exemplo disso, no axiodrama grupal, protocolado e processado, é a permanência do mistério sobre o ocorrido com seus participantes, à exceção do diretor, que o experienciou como tal.

A exposição, ao longo do capítulo, justifica meu critério de adjetivar axiodrama (e sociodrama), segundo o "outro" em interação (pessoa, casal, família, grupos, instituições, comunidade) Estendo-me no tópico acerca da nomeação metodológica, também, por questões de ordem prática.

Em São Paulo, programa-se um evento grandioso: vivências versando sobre "Ética e Cidadania", em 21 de março de 2001, em espaços públicos, abertos à comunidade e a funcionários da Prefeitura Municipal, coordenadas por setecentos psicodramatistas, como voluntários. Na divulgação do projeto, fala-se e escreve-se acerca de "Psicodramas públicos", suscitando em muitos a idéia errônea de um tratamento psicológico, psicoterápico *in loco* ou para proporcionar autoconhecimento. O rigor metodológico recomenda o neologismo "axiossociodrama", para designar esse método mestiço, pois o foco está nos campos axiológico e político-ideológico. Para efeito de publicação, o termo "sociodrama" parece-me mais adequado, por sugerir drama social e, assim, expressão mais compreensível para leigos no assunto.

Estratégia

O título sugere que se conheça o "caminho das pedras". Ledo engano (ver a tentativa frustrada no Daimon, descrita na p. 98). Minha proposta é a de apontar rotas de trabalho, que possam levar ao campo axiodramático e, como passo seguinte, às metas desejadas, na dimensão do possível. Um dos requisitos indispensáveis para a realização de um procedimento axiodramático é que, ao menos, seu diretor mantenha-se em campo axiológico. Isso permitirá uma iluminação dos eventos nessa óptica, a permanência na rota axiodramática, bem como um modo de facilitar a indicação das técnicas cabíveis.

Alvarez Valcarce aponta leis da Axiologia que lastreiam o processo axiodramático. "A lei da especificação recíproca nos diz que as variedades de um valor dado estão sempre determinadas por cruzamento com outros valores."[18] Por exemplo, o valor justiça, se cruzado com o valor jurídico, define-se como "a cada um segundo o que a lei lhe atribui". No caso de cruzamento com o valor Sociometria, a justiça seria determinada pelo "*status* sociométrico" de cada participante. Outra lei, a da harmonização, enuncia que na cena axiodramática um valor não vigora verdadeiramente se não está harmonizado com outros valores da vida pessoal e social do grupo. Em outras palavras, não há sentido em centralizar a dramatização em um valor isolado, pois ele se insere, necessariamente, numa ordem de valores harmônica ou desarmônica. Quanto mais acentuada essa desarmonia, mais grave é o conflito axiológico subjetivo e/ou vincular.

Na cena axiodramática cabe, ao menos, enfocar um par antitético de valores (sucesso e fracasso, por exemplo) ou valor (amor) e desvalor correspondente (desamor e não ódio como, em geral, propaga-se). Faz-se oportuna a lembrança de que alguns valores éticos são, também, sentimentos como piedade, amor e sua combinação, a compaixão.

A linha estratégica para abordar o simplismo dessas situações passa pela instalação cênica da complexidade progressiva, alcançando-se o necessário para a ruptura da miopia anterior bem como buscando um foco mais amplo e compreensivo e, conseqüentemente, um diferente juízo moral (transformação axiológica).

No campo axiodramático podemos identificar, promover revelações e trabalhar no "aqui-e-agora", a dissociação entre pensamento, discurso e conduta dos participantes, no plano ético-existencial. De outra perspectiva, o progresso do trabalho axiodramático pode ser avaliado à medida que consegue conciliar o aparentemente inconciliável.

O trabalho axiodramático propicia, mediante experiências de cunho vivencial, desde uma melhor consciência axiológica, até a resolução dramática de conflitos ético-culturais e conse-

---

18. Alvarez Valcarce, P., op. cit., p. 89.

qüente transformação da pessoa, que atinge um novo momento axiológico. Outro cuidado estratégico é a permanente iluminação estética da cena axiodramática. De modo análogo à necessidade de o diretor manter-se em campo axiológico, é importante estar em campo estético, concomitantemente, já que existe um paralelismo entre Ética e Estética.

Técnicas, táticas

A dramatização de um tema ou de uma situação é o recurso principal no trabalho axiodramático. Nela se empregam todas as técnicas habituais nos outros atos socionômicos. A encenação de conflitos axiológicos manifestos explicita o confronto de valores e desvalores éticos, encarnados em personagens. Exemplos: "anjo" e "demônio", no episódio axiodramático do ato psicoterápico, dirigido por Fonseca; "mocinhos" e "bandido PM", no axiodrama.

As técnicas expostas a seguir são indutoras da criação e instalação de campo axiológico, primeiro movimento no ciclo axiodramático. Outras tantas podem ser inventadas e/ou usadas, segundo as necessidades e experiências profissionais e pessoais dos axiodramatistas.

Técnica do lema pessoal

Esta técnica é derivada de outra, a do brasão pessoal, por mim aprendida em 1990, com Calvente, em grupo de supervisão, no VII Congresso Brasileiro de Psicodrama. A feitura do lema baseia-se na escolha de até três valores éticos essenciais no atual momento pessoal, ou um equivalente expresso em frase curta, tradicionalmente em latim, mas por "licença moreniana" admite-se a língua nativa. Pode-se propor que os valores obedeçam ao critério da ordem de importância, como em outros procedimentos sociométricos.

A técnica do "videoclipe" é uma variante na busca do lema pessoal. Sugere-se uma tela de TV, na qual surgem os nomes de valores, depois tomam uma dimensão maior, em seguida diminuem de tamanho para finalmente se apagar, até que três deles permaneçam em grandes proporções.

Outro modo de trabalhar é elaborar um lema baseado em uma cena de época passada e compará-lo com o do presente. O vínculo conjugal em crise pode ser considerado em sua dimensão axiológica, por meio do "cruzamento" dos lemas pessoais, redigidos reservadamente.

Em grupos e instituições, mediante registro escrito ou fala, elabora-se um mapeamento axiológico oficial, que será confrontado com os valores revelados ou entrevistos nas dramatizações, muitas vezes inconscientes. Esse conhecimento articulado com uma leitura sociométrica grupal ou institucional pode esclarecer uma sociodinâmica caracterizada pelo conflito e tornar mais eficaz uma intervenção sociátrica.

A vivência da escolha do lema pessoal, experiência protegida, é indicada para situações em que a exposição pública é inoportuna ou arriscada, como em grandes agrupamentos.

Técnica do estandarte

Foi concebida com inspiração no filme *Sociedade dos poetas mortos*, cuja cena inicial apresenta uma marcha solene de quatro alunos de uma escola tradicional americana, carregando estandartes com os valores morais da instituição (honra, disciplina, trabalho, excelência). Esta técnica é indicada para trabalho com agrupamentos, grupos e instituições de porte médio.

O desfile com seu "estandarte" representa uma forma de apresentação inusitada na rotina social, pois revela algo íntimo e importante. O valor "inscrito" é informado pelo "porta-estandarte", quando indagado pelos interessados. O vaivém dos "porta-estandartes" prossegue até a formação de pequenos agrupamentos ou grupos, segundo o critério de valores éticos afins (lealdade, fidelidade, honestidade, amor, solidariedade, generosidade, compaixão). A segunda escolha dos pares ou membros isolados ajuda na composição grupal. A tarefa seguinte é dialogar e produzir imagem ou cena alusiva aos valores agrupantes, que serão representadas, sucessivamente, para os demais (mapeamento axiológico cênico). A seqüência dramática dependerá da natureza da atividade contratada, mas provavelmente a maioria dos participantes estará em campo axiológico.

Técnica do dilema

Dilema, no sentido figurado, é uma situação embaraçosa com duas saídas difíceis e penosas. É a contrafacção existencial de conflito, termo que vem do latim, *conflictu*, "choque, pancada, luta, combate".[19] Essa situação humana apremiante expressa-se na questão: o que se *deveria ou não fazer?*, sob a égide de sua instância ética (conflito axiológico), em busca de ação resolutiva.

A dramatização das duas saídas proporciona melhores condições de julgamento e de escolha da decisão mais adequada. Nesse processo, independentemente da saída eleita, há um crescimento ético-existencial, uma melhor consciência axiológica.

Técnica da crença-dúvida

É uma tática que visa à abertura para a alteridade, dirigida a quem tem crenças arraigadas, preconceituosas, rígidas, alicerçadas em valores morais estereotipados, em juízo maniqueísta. Um desses fanáticos diria: "Eu sou do bem". Há dificuldade em escutar e enxergar o diferente de si e de seus semelhantes. Disponibilidade para a dúvida, o questionamento desses alicerces morais é o alvo dessa tática. Para isso, do ponto de vista técnico, faz-se necessária a presença de "ego-auxiliar" profissional para atuar, especialmente em duas situações, como duplo do protagonista e como personagem-antagonista, em ambas como fomentador de dúvida, incerteza e como porta-voz de outros focos éticos, bem como promotor da tolerância. Dada a dificuldade de acesso e de mudança, sugiro experimentar as técnicas dramáticas nessa ordem: cenas em que a pessoa desempenhe seus próprios papéis, solilóquio, duplo e, talvez, tomada de papel do outro e inversão de papéis.

Jogo dramático com "heróis" e "vilões"

O jogo dramático, com livre escolha de personagens, não é uma técnica específica de procedimentos axiodramáticos. No axiodrama descrito, este jogo ocorreu sob a influência direta da

---

19. Machado, J. P., op. cit., p. 206.

construção e da revelação parcial dos lemas pessoais e houve a emergência de figuras heróicas. Penso que não seria muito diferente, se o jogo fosse a primeira atividade, dado o aquecimento, ou seja, a preparação prévia à vivência.

A proposta técnica é a de eleição de uma personagem qualquer, da História, ciência, mitologia, religião, literatura, do cinema, da televisão etc., porém conhecida dos outros participantes. Essas personagens encarnam valores "negativos" e virtudes, às vezes, expressos em epítetos (qualificativos dos nomes) como: Gandhi, o pacifista; Simone de Beauvoir, a feminista; Tiradentes, o mártir da Inconfidência.

Os heróis, figuras modelares e "modelantes", encontram fluida re-apresentação dramática. Essa facilidade não se dá com personagens como Hitler, Judas Iscariotes, Joaquim Silvério dos Reis. "Vilões" universais ou brasileiros, por vezes, precisam presentificar-se na cena, na pele de "egos-auxiliares" profissionais, viabilizando, por exemplo, confrontos éticos entre Cristo e Judas, Tiradentes e o traidor Joaquim Silvério dos Reis, Hitler e Gandhi. O "mal" deve descer à terra, para compor a realidade. Dostoievski escreve que Deus e o Diabo habitam a alma do homem.

Jogo das histórias infantis

As histórias infantis, de contos de fadas, são transformações literárias subordinadas sobretudo à ideologia política e aos valores éticos da cultura-incultura das classes hegemônicas no sistema social de seus autores. Justifica-se o maniqueísmo dessas histórias pela necessidade de serem compreendidas pelas "criancinhas". Observa-se que esse simplismo ético-político, muitas vezes, permanece, ou mesmo se acentua, em alguns, não havendo uma salutar evolução axiológico-política.

O jogo dramático de uma história infantil difere do jogo do encontro e do desencontro dos "heróis" e dos "vilões", pois ela já tem enredo próprio, de conhecimento público. Seu maniqueísmo agora é útil, tecnicamente, para a cena inicial, pois facilita a entrada em papéis, depositários de valores esquemáticos. A reprodução dramática da história é a cena de partida para trabalhar com outros métodos e outras técnicas. Nessa encruzilhada metodológica, vejo três caminhos mais adequados que viriam a seguir: o teatro espontâneo, o jornal vivo ou jornal dramatizado (designação preferida por Moreno) e a multiplicação dramática.

Técnica da tribuna livre

Semelhante à técnica clássica do balcão, *locus* dos deuses e heróis, esta técnica é destinada aos homens comuns, para a divulgação de seus projetos existenciais, necessariamente alicerçados em seus valores ético-culturais. Sua criação foi também influenciada por uma vivência pessoal, em 1975, a do *locutor's corner*, no Hyde Park, em Londres, onde, do alto de seus caixotes, oradores discursavam e debatiam um tema de sua livre escolha. A revelação dramática desses projetos, com certa solenidade, diante de uma platéia, constitui uma forma de reforçar o compromisso quanto à sua realização.

Desfecho

A melhor expressão de gratidão a Moreno, penso hoje, é cumprir seu mandamento-desafio, isto é, um existir espontâneo-criativo. Ousando uma *criação axiodramática*, fiquei possuído de dúvida. Eis o dilema: eleger um epíteto ou elaborar um brasão para ele. A recordação de uma antiga e sábia fala de meu outro pai – por que não os dois? – resolveu a questão.

Moreno, o criador de caminhos

O brasão moreniano, imagino-o e o vejo como uma flor, a "edelweiss", que é colhida no alto dos Alpes e oferecida à namorada, como prova de valor e de amor. Inscrito em seis pétalas está o lema: na mais longa, sê espontâneo-criativo e nas outras, solidariedade, coragem, verdade, arte e alegria.

CAPÍTULO 7

Ética, Cidadania e Educação
Um trabalho sociodramático

Marília J. Marino

Compartilhamos aqui experiência e reflexão com base no evento Psicodrama Público: Cidadania e Ética, realizado simultaneamente em vários locais da cidade de São Paulo em 21 de março de 2001, o qual mobilizou a comunidade psicodramática, em resposta ao convite da prefeita Marta Suplicy. Neste evento inédito, participamos dirigindo os trabalhos no Centro Municipal de Ensino Supletivo (Cemes) no Cambuci.*

Meados de abril de 2001...

O coração batia célere, em face das imagens fortes que a alma proporcionava ao digitar as palavras: "[...] *devir bandido-traficante* ou *ético-cidadão... para todos nós...*", que tipo de contexto nos aguarda como habitantes da *pólis*, conforme elejamos ou não: cuidar de nossa infância e juventude, cuidar de quem está investido da responsabilidade social de educá-los, cuidar da cidade que acontece em nossas tramas relacionais,

---

* Agradeço à equipe constituída pelos alunos do Curso de Formação em Psicodrama do Convênio SOPSP–PUC-SP, cuja participação foi essencial para a realização deste trabalho: Alaíde Chacon, Alexandre Menegaz de Almeida, Márcia Guirão Perez Rogério (relatora no local), Márcia Sobreira Elias (fotografia) e Márcio Félix Balla.

no espaço – tempo de um mundo circundante que também educa ou exclui.

Vir a ser bandido-traficante ou cidadão que se pauta pela ética em suas condutas são perspectivas que marcam o impacto de uma reflexão que advém da encenação de uma tragédia do nosso cotidiano, tratada à luz da abordagem sociopsicodramática. Elas fazem parte do presente texto que ainda estava em preparação, para ser encaminhado à Comissão Organizadora do evento – um marco na história da cidade e na do Movimento Psicodramático nacional e internacional. Articulados por nossa companheira Marisa Greeb, contamos com o apoio dos órgãos institucionais: Federação Brasileira de Psicodrama (Febrap) e Federadas, para juntos somarmos esforços no "cuidar" da cidade.

Toca o telefone e chega o convite para que integremos o presente livro, com um capítulo que aborde psicodrama e ética na educação. Dado o escasso tempo concedido para sua elaboração e em meio ao calor da experiência realizada, dizemos que o que podemos disponibilizar é o nosso relato. No entanto, como tivemos oportunidade de coordenar um núcleo que agrupou outros diretores sociopsicodramatistas e suas respectivas equipes, em locais diversos e com outros públicos (trabalhos em praças públicas, trabalhos com funcionários municipais, trabalhos com moradores de rua etc.), éramos sabedores da riqueza de textos que estavam sendo preparados. O relato de nosso trabalho por certo não seria nem o mais elaborado nem o mais surpreendente... além de que nessa experiência, educadores em sentido amplo e psicoterapeutas (socionomistas – trabalhando à luz do Projeto Socionômico de Moreno), assumíamo-nos todos como investigadores e educadores sociais. O que justificaria, então, que nosso trabalho fosse privilegiado com a publicação? Aceitamos enfim, considerando as possibilidades a seguir:

- Acompanhar passo a passo o desdobramento de um trabalho sociodramático sobre Ética e Cidadania – tema privilegiado em todos os projetos educacionais de diferentes organizações educativas que, ao considerá-lo em seus objetivos educacionais, remetem educadores e educandos ao *cuidado de si, do outro e do espaço coletivo* em suas relações com a cultura.

- Almejar que a escola se faça *locus* e *matrix*, agregadora da comunidade em que saberes, projetos, recursos e intenções são trocados e podem ser articulados para que se cumpra a função político-social de favorecer a apropriação criativa da herança sociocultural (conserva cultural) na qual nos construímos em nossa humanidade e, como herdeiros que também deixarão um legado, somos chamados a transformar e a nos transformar.

- Apropriarmo-nos do contexto ético em que se dá a ação do educador psicodramatista, construída na relação concreta de um trabalho de co-criação, tendo como suporte reflexivo os valores que embasam a visão de homem e de mundo morenianos: o resgate da espontaneidade-sensibilidade-criatividade de cada um e de todos nós *socii* (companheiros), tramados em nossas redes relacionais, nos vínculos, grupos e nas organizações em que tomamos parte, jogando papéis, com a responsabilidade de sermos *abertura compromissada ao mundo.*

No texto que se segue, apresentamos: I. Relato – o protocolo extraído das anotações realizadas no local e complementadas com os subsídios fornecidos pelo vídeo. II. Processamento – a primeira elaboração realizada, evidenciando o(s) sentido(s) do trabalho, alguns movimentos teórico-metodológicos e éticos que norteiam a ação do coordenador de grupos sociopsicodramatistas. III. Reflexão – Ética e Cidadania na Educação – uma aproximação ao tema.

I. Relato

Aquecimento da equipe (desde a chegada)

A equipe chega com antecedência e constata que a escola está vestida de festa para o evento: muros recém-pintados (os pintores ainda estão no local), pedriscos no chão do estacionamento, onde vai acontecer o Ato, mato retirado, árvores podadas. Há um vaivém por conta da instalação do som. Percebem-se o esforço e o envolvimento da comunidade escolar para atender à solicitação da direção do psicodrama que visitara a escola na semana anterior, solicitando microfones e aparelho de som.

Somos recebidos pela coordenadora do Cemes com grande simpatia, mas aflita ela pede que atrasemos um pouco o início do trabalho, pois há um problema com a caixa de som obtida. Informa-nos que outra está sendo providenciada.

Conversamos com os dois membros da escola que vão operar a filmagem, passando as instruções e, mãos à obra, começamos, com alunos e professores, a trazer cadeiras do interior do prédio para acomodar a população que começa a chegar. Não há faixa na rua quanto à realização do trabalho, mas a coordenadora nos conta que todos da escola ajudaram na divulgação, com folhetos, cartazes, mensagem no jornal da Delegacia Regional do Ensino Municipal (Drem), agora Núcleo de Ação Educativa (NAE).

O sol está forte e decidimos juntos que o melhor lugar para as cadeiras é ao redor da frondosa árvore, logo na entrada, próximo ao portão. Estas vão sendo arrumadas em cinco meios-círculos sucessivos. Platéia e palco se desenham então.

À direita da platéia, a equipe instala o cavalete do *flip-shart*, e a direção escreve em letras grandes: Psicodrama Público. E abaixo: Cidadania e Ética – O que você pode fazer para ter uma feliz*cidade*?

As pessoas, já sentadas, olham atentas. Ainda antes de iniciar o trabalho, uma senhora na platéia ri bastante e a Direção, rindo também, pede que ela compartilhe seu riso com as demais pessoas. Ela responde que a colega ao lado está ajudando a falar aquele "palavrão": Psicodrama. A Direção entra na brincadeira de conseguir pronunciar corretamente a palavra e explica que o sentido do "palavrão" é muito mais próximo das pessoas do que podemos imaginar. Já vamos entender. Há um clima de descontração no ar.

São 11h30. Com a questão do som resolvida, a Direção chama os membros da equipe para iniciar o trabalho. Dos quatro cantos eles respondem (estavam recebendo e ajudando as pessoas a se acomodar; são aproximadamente oitenta). Postados em frente à platéia, vão se apresentando. Marília (diretora), Alaíde, Alexandre, Marcinha (fotógrafa da equipe, explicita que não é da imprensa), Márcia (secretária para anotações) e Márcio. Falam seus nomes, suas funções ali e da emoção de estar somando forças para construirmos uma feliz*cidade*. A Direção agradece à recepção e às providências da coordenadora da Escola Cemes, pedindo que esta também se apresente. Cida mostra-se feliz pelo fato de a escola ter sido escolhida para a realização de tal evento. Reforça a idéia do resgate da auto-estima do cidadão e a importância de tornar o Cemes mais conhecido na comunidade, como um local para o adulto o qual possibilita a retomada dos estudos, leva em conta os horários de trabalho de seus alunos, a maioria já profissional, funcionando como ensino a distância e de orientação. Aplaudimos.

A Direção chama a atenção para a frase que norteia o trabalho proposto: "O que você pode fazer para ter uma Feliz*cidade*?". Começa com cada um de nós! Considera que estamos acostumados a esperar tudo do poder público, mas ele também tem limitações, por isso estamos neste espaço, a convite da prefeita Marta Suplicy. Como nós, outros setecentos profissionais psicodramatistas estão espalhados por toda a cidade de São Paulo, hoje, no mesmo horário. Aproximamo-nos da população para, juntos, cada um de nós poder entrar em contato consigo mesmo e com o outro, descobrindo nossa força. Refletir e juntar nossa potência, nas relações que estabelecemos a serviço de uma vida melhor. Temos aqui professores, alunos (16 a 40 anos), representantes do trabalho da terceira idade, donas-de-casa..., vamos então construir uma São Paulo melhor! Já é uma ponte para falarmos do Psicodrama.

A Direção pede então palavras da platéia que lembrem a primeira parte da palavra psicodrama: psico – As palavras da platéia: psicologia, mente, psicotécnico. A Direção solicita que lembrem uma palavra mais antiga que usamos para "mente". Aparece: "alma". A Direção explica que "psique" significa alma (sopro de vida) e é nela que encontramos o significado para as coisas, que as nossas experiências ganham sentido. Ressaltou que trabalharíamos com as experiências da nossa mente, entendida como alma, como nosso mundo interno.

E com drama? O que associamos? A platéia participativa ensaia: tragédia, pesadelo, teatro, dramatizar. A Direção comenta rindo que na nossa vida cotidiana usamos a palavra drama nas situações: "Ah! Não faça drama! Isto não é um drama!". No entanto, a palavra drama, em sua raiz mais antiga, quer dizer ação, acontecimento, e finaliza as considerações dizendo que naquele trabalho colocaríamos o nosso mundo interno em ação. Lembra o criador do Psicodrama, Jacob Levy Moreno, que "já está do outro lado" e nos deixou uma herança bonita, uma forma de trabalhar em que nos vemos sempre relacionados. Propunha a importância de, pela ação dramática, podermos refletir sobre nossas experiências internas significativas. É uma proposta de trabalho que está pautada na visão de homem sempre relacionado uns com os outros, construindo-se juntos. Menciona que, embora o enfoque da imprensa, na divulgação do evento, tenha ocorrido numa perspectiva de trabalho psicoterapêutico, esta abordagem é também uma forma de trabalho socioeducacional que cultiva a transformação em nosso aprender a viver. Por que "público"? É porque estamos juntos num espaço aberto, público, pensando sobre a sociedade em que queremos viver, sobre sermos melhores cidadãos e como sermos mais éticos uns com os outros. Se pensamos a sociedade como uma rede de companheiros (a palavra *socius* significa companheiro), mudamos o modo como nos relacionamos. A platéia ouve com atenção. A Direção continua: cidadania e ética são o eixo que queremos alcançar, aprimorar nossas atitudes uns com os outros, viver uma vida com mais valor! O motivo de estarmos aqui, então está claro? Há assentimentos com a cabeça e nenhuma pergunta diante da oportunidade de maior esclarecimento, aberta pela Direção.

Aquecimento do grupo

A Direção diz que o fato de falar é uma forma de aquecimento, e considera importante o grupo também se aquecer, não só com a mente, com a cabeça, mas também com o corpo, afinal a alma nos atravessa por inteiro. Convida a platéia para brincar de dançar juntos, porque dançar, cantar, representar são situações que nos ajudam a fazer aliança com a vida, resgatando nosso bem-querer próprio e da nossa cidade. Pede que se ligue o som e a música de Milton Nascimento: "Louva-a-Deus" começa a ser ouvida. Propõe-se a brincadeira Siga o mestre – em que alguém faz um movimento e é seguido por todos. O grupo brinca ao som dos tambores da música forte, fazendo gestos diferentes, batendo palmas, mexendo o corpo. Após a dança, a Direção pede a todos que sintam o corpo e digam uma palavra. Palavras da platéia: calor, vida, revitalização. Há risos, as pessoas se abanam com as mãos, o clima é de surpresa e alegria.

A Direção anuncia que continuaríamos a nos aquecer, cantando, para aproximar o nosso coração ao tema proposto. O nome da música é "Coração civil". Sua letra é distribuída entre os participantes pela equipe, com a ajuda do próprio grupo. A Direção explica que primeiro ouviríamos para depois cantarmos. A folha também traz o trecho de uma poesia do fundador do Psicodrama, para ser lida e meditada em casa. A seguir apresentamos a sua transcrição.

Psicodrama Público: Cidadania e Ética – 21/3/2001

CORAÇÃO CIVIL
De: Milton Nascimento/Fernando Brandt

Quero a utopia, quero tudo e mais
Quero a felicidade nos olhos de um pai
Quero a alegria muita gente feliz
Quero que a justiça reine em meu país
Quero a liberdade, quero o vinho e o pão
Quero ser amizade, quero amor, prazer
Quero nossa cidade sempre ensolarada
Os meninos e o povo no poder, eu quero ver
São José da Costa Rica, coração civil
Me inspire no meu sonho de amor Brasil
Se o poeta é o que sonha o que vai ser real
Bom sonhar coisas boas que o homem faz
E esperar pelos frutos no quintal
Sem polícia, nem milícia, nem feitiço, cadê o poder?

Viva a preguiça viva a malícia que só a gente é que sabe ter
Assim dizendo a minha utopia eu vou levando a vida
Eu viver bem melhor
Doido pra ver meu sonho teimoso um dia se realizar

ENCONTRO
De: Jacob Levy Moreno (1889-1974)

Um encontro entre dois: olho no olho, cara a cara.
E quando estiveres próximo, tomarei teus olhos
e os colocarei no lugar dos meus,
e tu tomarás meus olhos
e os colocarás no lugar dos teus, então te olharei com teus olhos
e tu me olharás com os meus.
Assim nosso silêncio se serve até
das coisas mais comuns e nosso encontro é meta livre:
O lugar indeterminado, em um momento indefinido,
A palavra ilimitada para o homem não cerceado...

Um grande abraço da equipe: Alaíde, Alexandre, Márcia,
Marcinha e Márcio
Diretora: Marília Marino

Todos participam cantando.

Com base no verso: "[...] Se o poeta é o que sonha o que vai ser real", a Direção diz que todos nós podemos brincar de ser poetas e todos precisamos sonhar para as coisas poderem acontecer. Pede que cada um entre em contato com o que a letra da música foi provocando em suas mentes e seus corações... O silêncio é total... Aí vem a questão: O que cada um sonha para esta cidade? O que eu gostaria que acontecesse? Dá um minuto para que cada um entre em contato consigo mesmo. Pede que cada um anuncie seu sonho em uma frase. As frases vão surgindo, anunciadas em voz forte pelos participantes e são anotadas em letras grandes no *flip-shart*, cada uma em uma folha:

Que a cidade não seja tão violenta. (Vida)
Que haja solidariedade entre as pessoas. (Solidariedade)
Que as pessoas se tornem mais humanas. (Humanidade)
Que haja amor e paz. (Amor e paz)
Cuidar das crianças que estão na rua. (Cuidado com o futuro)
Dignidade para cada cidadão. (Dignidade)
Que as pessoas tenham mais crença em Deus. (Divino)
Mais segurança nas escolas. (Segurança)
Cidade limpa. (Limpeza e higiene)
Menos buraco. (Zelo, conservação)
Mais oferta de emprego. (Trabalho)
Educação como base. (Educação)
Menos preconceito na sociedade. (Igualdade)
Cuidar da saúde da população. (Vida)
Mais áreas de lazer. (Lazer)
Compromissos de todos e de cada um. (Compromisso)
Que o político não se afaste da população e tenha coerência
entre o pensar e o agir. (Coerência entre falar e agir)
Cuidado com a juventude e com o perigo das drogas. (Vida)

A Direção passa a apontar os valores humanos intrínsecos nos sonhos, as necessidades e preocupações assinalados pelo grupo, em cada frase. As folhas são viradas, e dois egos-auxiliares vão sublinhando ou escrevendo ao lado os valores apontados. Ressalta que falar sobre ética é refletir sobre os valores mais profundos que orientam o viver. (Ver relação anterior.) O grupo acompanha atentamente e vai ajudando a reconhecer os valores.

A Direção pede então que cada membro da platéia escolha a frase e o valor correspondente que mais o toca no momento. Solicita que quem já escolheu venha para o palco e segure a folha à sua frente. Aquele que escolheu a mesma frase vai colocando atrás. As folhas são destacadas do *flip-shart* e distribuídas conforme as pessoas vão se apresentando. Formam-se filas.

Há muitas frases e algumas são pouco escolhidas, assim, as filas vão se fundindo, tendo como referência focos comuns. Por exemplo: igualdade *e* humanidade, saúde *e* vida etc. A Direção e os egos-auxiliares vão ajudando na fusão, pedindo que a folha com a frase não escolhida seja dobrada. A Direção afirma que as idéias não morrerão e serão trabalhadas com o foco a que se fundiu. A frase "O compromisso de todos e de cada um" fica como referência para todo o trabalho, permanecendo no *flip-shart* até o final do encontro. As frases que permanecem são:

Mais áreas de lazer. (Lazer) – 8 pessoas
Cuidar das crianças que estão na rua.
   (Cuidado com o futuro) – 7 pessoas
Dignidade para cada cidadão. (Dignidade) – 14 pessoas
Cuidado com a juventude e com o perigo das drogas.
   (Vida) – 15 pessoas
Crença em Deus. (Divino) – 10 pessoas
Menos preconceito na sociedade. (Igualdade) – 7 pessoas
Permanecem dezesseis pessoas na platéia. São 77 pessoas
   no total nesse momento.

A seguir a Direção solicita que as pessoas de cada fila formem grupos. Pede que escolham um lugar para sentar e compartilhar cenas significativas da vida de cada um em relação aos temas escolhidos. Sugere para cada um iniciar: a história é... minha preocupação é com... Os grupos se formam rapidamente, ocupando diferentes espaços do pátio. As folhas de *flip-shart* são pregadas nas árvores, colocadas na extensão do muro... sob iniciativa de cada grupo. Algum tempo depois da consigna, o grupo do "Cuidar das crianças que estão na rua" (Cuidado com o futuro) junta-se com o "Cuidado com a juventude e com o perigo das drogas" (Vida).

É dado um tempo de aproximadamente trinta minutos para a troca das histórias em grupo. A equipe circula entre eles, orientando para que todos tenham a palavra, e pelos fragmentos ouvidos das histórias vamos detectando a preocupação com a segurança, com o uso das drogas. Ao mesmo tempo percebe-se que em cada grupo emerge uma liderança, centrando na tarefa, administrando o tempo, expressando o cuidado para que todos falem...

Após a troca nos grupos, a Direção pede que voltemos à formação do grupo maior. Há prontidão em atender e voltamos aos semicírculos iniciais, com uma nova disposição espacial das pessoas. Diz que espera que as pessoas tenham-se reconhecido uns nas histórias dos outros e pergunta se alguém gostaria de contar sua história ao "grupão", para dramatizarmos, vindo até o palco. O pequeno grupo pode incentivar o companheiro. Pede três pessoas. Há "burburinhos" e rapidamente estas se apresentam (aqui seus nomes são fictícios). As três histórias:

- Maria Rita (aproximadamente trinta anos – professora) conta uma história sobre o tema do lazer. Crianças que não têm onde brincar bem como dinheiro da condução para ir a um parque. Ficam expostas aos perigos da rua, entre eles o trânsito. Seu tom é de preocupação.
- Consuelo (aproximadamente cinqüenta anos – dona-de-casa) conta que dias atrás ouviu tiros à noite e de manhã, assim que abriram a porta, havia um rapaz morto na calçada. Sabe que o motivo é a droga. Não é a primeira vez. No espaço de um mês, outro assassinato já tinha acontecido. Imprime grande aflição em seu relato.
- Edna (estudante) foi discriminada ao procurar emprego, por causa da idade (dezesseis anos) e da falta de experiência. Questiona emocionada sobre como pode-se encaminhar na vida se o mercado de trabalho não lhe dá uma chance. Há revolta e amargura em suas palavras e seus gestos.

A platéia acompanha cada história com muita atenção. A Direção observa, então, que vamos escolher uma das histórias para dramatizar, investigando melhor o que acontece e buscando uma solução diante da situação. Faz-se uma votação, mediante palmas. Fica a impressão de empate. A Direção pede que as pessoas, então, votem levantando a mão. Ganha a cena do rapaz assassinado por motivo de drogas. Temos a história protagônica, testemunhada por Consuelo. São 13 horas.

Ação dramática

A Direção se aproxima de Consuelo, anda com ela pelo palco, pede a ela que conte novamente a história e vai investigando personagens e espaços-cenários em que esta se desdobra. Para montar a cena é preciso escolher as pessoas que interpretarão as personagens. Consuelo chama os egos-auxiliares Alexandre e Márcio para encenarem os adolescentes envolvidos. Escolhe outras pessoas da platéia para fazerem os papéis do marido e das duas filhas que estavam dentro de casa com ela. Delimita a rua de sua casa, o terreno baldio onde os adolescentes compram e consomem drogas e sua casa. Elucida que o rapaz assassinado de madrugada é conhecido, já o tinha visto antes, com outros adolescentes que estudam numa escola próxima. Mostra-se aflita, pois são filhos de pessoas amigas. Ouviu os tiros de dentro de sua casa. Ficou com medo e não abriu a porta. Às seis horas da manhã, abriu a porta e se defrontou com o rapaz morto.

A cena se desenrola com três rapazes, que estariam comprando drogas no terreno baldio. Um deles compra a droga fiado e, ao ser cobrado, não pode pagar, é então perseguido, sai correndo pela rua e é assassinado. Havia, além do traficante que assassinou o rapaz (Edna), o chefe do tráfico de drogas, mandante do crime, e o vigia que nada vira. Quando o rapaz foi assassinado e caiu no chão, a Direção pergunta à platéia os sentimentos que surgiam mediante a cena. Estes eram: medo, angústia, dor, tristeza. Ao amanhecer, a família encontra o rapaz morto.

A Direção paralisa a cena, retrocede no tempo e investiga dramaticamente o que aconteceu com a família desde que os tiros são ouvidos. Surge a aflição das filhas (13 e 22 anos) que acordam e procuram os pais. O temor de todos em abrir a janela. A insônia que se seguiu... o susto ao abrir a porta pela manhã e ver o rapaz morto na calçada, com o agravante de que se tratava de pessoa conhecida. Consuelo pára diante do cadáver.

A Direção diz que agora somos todos testemunhas, como Consuelo. Vamos sair de "casa" – de nós mesmos – e tentar compreender a situação. No mundo imaginário, nós podemos ouvir os mortos. Volta-se o foco para o espaço em que o rapaz está caído e cuida-se para que Consuelo retorne à proximidade da família. A Direção pede, então, que este diga o que ocorrera. Alexandre responde que "não tinha dinheiro para pagar a droga, gostaria de ter caído fora fazia tempo, mas não deu e me pegaram".

A Direção pergunta à platéia se alguém gostaria de entrar no papel do rapaz morto para saber como é tal lugar. Aproxima-se um adolescente que se deita no mesmo espaço, e a Direção o entrevista.

D: Quem é você? Resposta: Leonardo. D: O que aconteceu com você? R: Eu tava curtindo um barato lá e a mina atirou em mim. D: O que aconteceu que o levou a este fim tão doído? R: A tristeza, o dia-a-dia, o desemprego. D: Mas você estava freqüentando a escola, serve para alguma coisa a escola que você está indo? R: A escola é o lugar de que eu mais gosto, mas quando eu saio da escola não tenho aonde ir.

A Direção pergunta, no caso de ter havido a possibilidade, se ele gostaria de ter conversado com alguém que poderia tê-lo ajudado naquela situação. Leonardo responde que gostaria de conversar com seus pais.

A Direção observa que nos vamos preparar para Leandro viver esta experiência e chama duas pessoas da platéia, as quais gostariam de ser os pais do garoto. A platéia intervém, dizendo que em geral só há o pai, mas quando Leonardo é consultado quer a presença de ambos. Apresentam-se o pai e a mãe (pessoas do pólo da terceira idade, da comunidade). A Direção ajuda Leonardo a se levantar e antes de este se dirigir aos pais pontua que agora temos duas famílias em cena com situações bem diferentes. O diálogo que se segue é cheio de emoção:

Leonardo: Mãe, por que a senhora não conversou comigo, mãe? Mãe: Muitas vezes eu quis conversar com você e você fugiu. Leonardo: Mas a senhora está sempre tão nervosa! Mãe: Ficava nervosa porque você fazia coisas de que eu não gostava. Bom filho você é, mas não ouviu todos os conselhos que lhe dei. Leonardo: É mãe, eu errei. Eu devia ter escutado mais a senhora. Leonardo fala ao pai: O senhor sempre foi um bom pai. Me deu de tudo. Fui eu que errei. Mas a vida é assim mesmo, agora não posso voltar atrás.

A Direção lembra a Leonardo que ele tem irmãos e pede a ele que converse com o pai sobre a importância de sua atitude perante os irmãos, a fim de não terminarem como ele.

Leonardo: Pai, cuide bem dos meus irmãos, não os deixe se envolver com as drogas, procurem os dois conhecer os seus amigos, incentivem sempre para freqüentar a escola... O pai responde: Eu não fui um pai muito zeloso porque permiti que você, meu filho, praticasse esta coisa horrível que são as drogas. Eu, trabalhando, não me ocupei muito desse problema, mas tenho certeza de que, daqui para a frente, vou orientar melhor seus irmãos e eles não vão cair nesse caminho.

A Direção pede que o ego-auxiliar Alexandre (que desempenhou o papel de morto) faça um duplo do rapaz. Alexandre coloca-se atrás de Leonardo e, como voz que sintoniza a emoção presente, diz: "Eu era terrível mesmo, só pensava em curtir e em balada. Ah... mas se eu pudesse voltar no tempo voltaria! Sinto muita falta de vocês... eu amo muito vocês". Leonardo balança a cabeça, concordando...

A Direção pergunta a Leonardo se ele quer dizer algo para a escola. Ele afirma que sim, com sua professora. A Direção chama alguém da platéia que gostaria de se apresentar como professora. Maria Rita se oferece para o papel. Leonardo diz: "Professora, a senhora foi muito importante para o meu aprendizado e eu gostaria de lhe agradecer". Olham-se ternamente.

A Direção investiga, com a professora, a condição de ser professor de um aluno naquela situação. Maria Rita chora dizendo que aquele aluno já havia partido, mas ela têm outros que estão no mesmo caminho, portanto é muito difícil ouvir suas histórias: "Professora, lá em casa ninguém trabalha". "Não quero um empreguinho de salário mínimo... pra que eu vou me matar de trabalhar?" Várias pessoas choram na platéia.

A Direção afirma haver outro aluno vivo, escapara daquela situação e indaga o que ela diria a ele. Chama Márcio (ego-auxiliar) que fez o papel do amigo na cena do terreno baldio. Maria Rita diz ao aluno que ela tenta ajudar, comunicando seu afeto, passando algo de sua espiritualidade. Que ele se valorize, saia dessa vida. O amigo responde à professora: "Meus pais não estão nem aí comigo... não sei como sair dessa, acabo me envolvendo com colegas que...".

Edna, que fez o papel de traficante e assassina, pede para falar também. A Direção lhe dá voz, que sai emocionada e condoída, dirigida ao amigo: "Ele estava me devendo e eu fiquei nervosa. Eu também preciso ganhar dinheiro porque também uso droga. O meu chefe me disse que se eu chegar lá sem dinheiro ele me mata também. É um círculo vicioso, se não mata, morre. Eu sei que isso não se faz, mas você sabe que no mundo das drogas a gente não sabe o que tá fazendo". A Direção pergunta à Edna o que ela diria para a sua escola. Ela se dirige à professora. Pede que não seja discriminada bem como que ela lhe dê apoio para sair das drogas, com palavras de coragem, que se disponha a conversar também com os pais.... muitos bebem e roubam; a escola precisa orientar, falar coisas boas, porque ela precisa disso.

A Direção pergunta se ela pediria ajuda a outras pessoas, além da família e da escola. Ela responde que pediria ajuda a Deus e aos amigos que já tiveram esta experiência. A Direção aponta para o amigo ali presente, lembrando que ele também deseja mudar. A adolescente se aproxima do ego-auxiliar e lhe dá um abraço.

Como foi mencionada a dimensão do "Divino", a Direção pergunta se alguém gostaria de viver o papel de representante da Igreja naquela cena. Entra uma senhora. A Direção investiga o que tal instituição está fazendo para ajudar a juventude. Ela se dirige à platéia respondendo que daria conselhos, falaria de sua fé e da importância de ter Deus no coração.

Outra pessoa pede para entrar no lugar da Igreja, afirmando que a forma de ajudar é não só propondo rezas, mas conversar com os jovens.

Outra pessoa pede para entrar em cena a fim de reforçar o lugar da escola. Dirige-se à "Igreja", dizendo que esta não tem propostas para o jovem. Os professores sabem seus conteúdos mas não como lidar com a questão das drogas... Precisam de ajuda!

Entra em cena uma senhora representando a Associação de Moradores. Pede à escola para comparecer às reuniões da Associação para que se conheçam os trabalhos realizados com as crianças na Associação e com as igrejas São Judas e Reino de Deus.

Edna dá um passo à frente e pergunta que tipo de trabalho a Associação de Moradores faz com a juventude. A representante responde que oferecem jogos de futebol aos domingos, catequese, balé aos sábados à tarde. A adolescente diz que queria alguém para conversar...

Consuelo, que contara a história "disparadora" e continuava no espaço delimitado como sua casa, pede para responder à adolescente. Fala da importância de ela acreditar nela mesma... Deus não está fora, mas dentro de cada um... O silêncio é denso. Os olhares se encontram... Mais que nas palavras, no tom de voz, no gesto de aproximação, dessa vez Consuelo "sai de casa", de outro modo...

A Direção faz menção aos órgãos de saúde, ainda não representados no espaço dramático como força da comunidade, em que profissionais como psicólogos, assistentes sociais e educadoras sociais também podem desenvolver projetos com a comunidade, conversar com o jovem...

A ego-auxiliar Alaíde pede para entrar em cena e dialogar com a adolescente. Apresenta-se como mãe de uma amiga e diz que quer ouvi-la. A adolescente dispara a dizer tudo o que parecia estar sufocado: "Eu ando muito triste. Todo o mundo me critica, na escola, no serviço. A minha mãe diz que eu só penso em sair, que eu não cuido da casa, que não cuido da minha roupa. Mas o que eu mais preciso é de amor e atenção. Que os pais conversem com os jovens!". Há muita emoção no ar!

Entra em cena um senhor, marcando o lugar dos órgãos da saúde. Fala que gostaria de estar mais aparelhado para atender às necessidades... Quer dar apoio.

A Direção pergunta se mais alguém quer entrar no diálogo... Apresenta-se a jovem, "filha" da família de Consuelo. Dirige-se aos professores que marcam o lugar da escola e pede mais diálogo, isto é, que o aluno seja visto por inteiro...

A Direção pontua as forças da comunidade que estão presentes – Família, Escola, Igreja, Associação de Moradores, Órgãos da Saúde – e diz que vai colocar em cena a prefeita. Solicita à ego-auxiliar Márcia que entre no papel da prefeita. Usa um xale de franjas como adereço.

A Direção diz que a prefeita da cidade estava chegando àquele espaço e pergunta se alguém gostaria de dizer algo a ela ou às demais pessoas presentes.

Alexandre (ego-auxiliar), que vivera o papel do jovem morto, pede à prefeita que cuide bem dos professores que zelam pelos filhos, dê a infra-estrutura possível para eles trabalharem e se sentirem mais humanos e valorizados. A área da saúde solicita à Marta a presença de mais psicólogos e assistentes sociais nas instituições para cuidar da parte educativa e psicológica da população. Márcio (ego-auxiliar), no papel do jovem que quer se livrar das drogas, diz ao coletivo que ouçam mais os jovens, porque eles têm muito a dizer. Para que não falem por eles, mas que saibam escutar para saber o que eles têm em mente e o que querem. Edna (adolescente traficante), que acabara de se expressar para a mãe da amiga, dirige-se ao professor para dizer-lhe que ele é como um segundo pai: "Dá ótima educação para a gente, fica no coração". A fala é emocionada. A adolescente está na frente da professora, muito próxima. A Direção pede que realizem o encontro que está no ar. O encontro da escola com a adolescente acontece com um abraço.

A professora, marcando o lugar da escola, diz à prefeita que a questão da orientação psicológica é muito séria. Pede mais psicólogos, assistentes sociais e a presença de conselheiros tutelares na escola... A Direção pontua a preocupação com a saúde social. Uma pessoa surge da platéia e também quer falar desse lugar. Diz que vai mandar um recado para o secretário da Educação para este fazer parceria com o Sesc, balneários, para articular campeonatos entre as escolas e valorizar o lazer.

A representante da Associação de Moradores, que ficou em cena marcando esse lugar, dirige-se à prefeita falando da necessidade de mais investimentos para o lazer das crianças, nos centros comunitários. O pai do rapaz assassinado pede a prefeita que cuide da Escola, da Saúde e da Segurança, pois se estas questões fossem solucionadas estaria resolvida boa parte dos problemas da população. Uma pessoa da platéia entra como cidadã e vem pedir à prefeita que não decepcione a cidade, pois o exemplo de ética e humanidade vem de cima, e exerça seu mandato com base nesses princípios. (A cidadã é bastanteaplaudida.)

A Direção dá voz à prefeita (ego-auxiliar Márcia). Em tom emocionado, ela diz: "Estou aqui com vocês, ouvindo as solicitações. Não posso deixar de dizer que sinto um grande peso sobre os ombros pois muito se tem a fazer e há ainda os problemas deixados pelas administrações anteriores. Estou aqui, neste local, justamente para discutir os problemas da população. Também sou mãe e entendo as preocupações de todos. Tenho um profundo respeito pelas pessoas que estão aqui participando da discussão. Vou precisar da ajuda de todos, porque sozinha não conseguirei fazer nada. Percebo o verdadeiro interesse das instituições presentes: a Família, a Escola, o Posto de Saúde, a Associação de Moradores, a Igreja. Apesar da situação deixada pelas últimas gestões, tive coragem de me candidatar, porém conto com a ajuda de todos para a realização do trabalho". (Aplausos)

Edna pede a palavra, dirige-se à prefeita pedindo mais vagas para as crianças nas escolas e creches; quanto à Escola e à Família, solicita maior comunicação entre elas. É a voz final. O clima é de grande cumplicidade entre todos.

Compartilhar – Despedida

São 14 horas. A Direção anuncia que vamos concluir o trabalho, dado o adiantado da hora, formando duas rodas: uma menor (dentro) com as pessoas que fizeram parte da ação dramática e outra maior com a platéia. A música agora é de Gonzaguinha: "O que é o que é". As rodas se movem em direções contrárias, e todos cantam: "Eu fico com a pureza da resposta das crianças: É a vida, é bonita e é bonita!... Viver e não ter a vergonha de ser feliz, cantar, e cantar e cantar, a alegria de ser um eterno aprendiz...".

Para encerrar, a Direção agradece à presença de todos e pede uma palavra sobre como nos estamos saindo. Estas se resumem em: meta, objetivo, orar, amor, confraternização, conscientização, união, paz, solidariedade, respeito, flexibilidade, fraternidade, conhecimento, vida, que o amor seja para sempre, louva Deus, humildade, valor, sonhos, caridade, saúde, vitória, harmonia, dignidade, união e força, esperança... Várias palavras são repetidas, mas se destaca Vida. Os corpos estão vitalizados, os rostos sorridentes... Uma pessoa pede para rezar o Pai-Nosso. A Direção olha ao redor e constata a reação de estranhamento em várias pessoas. Considera que como não estávamos na igreja poderíamos agradecer àquele momento, em que palavras do coração estavam sendo ditas, e quando cada um estivesse em sua igreja (ficou patente a presença de diferentes orientações religiosas na dramatização) poderia lembrar do que vivemos e orar cada um à sua maneira. Propõe que a palavra "Vida", surgida várias vezes, poderia ser dita por todo o grupo. Em voz forte, todo o grupo diz junto: VIDA! VIDA! VIDA!

Terminado o trabalho, o grupo demora a se dispersar... Muitos se aproximam da equipe para agradecer e se despedir. Ecoam ainda suas falas sobre o trabalho:

- "É, temos de ouvir o jovem..."
- "Nossa, como o trabalho mexeu com o emocional!"
- "Poxa, minha história estava lá..."

Trocamos abraços, e nos arrancam a promessa de voltar. Ficam pedidos de um trabalho com a terceira idade, com a Emei próxima, com a Associação de Moradores e aqui na Cemes.

II. Processamento

Investigando os bastidores... Explicitando as entrelinhas...

... A tragédia é a reflexão que a pólis realiza para compreender a gênese e o sentido da justiça que ela própria procura instaurar. Pode o teatro psicodramático e sociodramático alcançar essa dimensão reflexiva? Pode resgatar para cada um e para todos a origem de nossa loucura, nosso desejo de justiça e nossa aspiração à liberdade?

Marilena Chauí

Do(s) sentido(s) do trabalho

Abrimos nosso processamento retomando a interrogação da pensadora, presente no Posfácio à obra de Alfredo Naffah Neto, *Psicodrama: descolonizando o imaginário* (1979: 265), numa tentativa de nos aproximarmos do âmbito para onde ela aponta: *o alcance e o(s) sentido(s) do trabalho realizado, o teatro sociopsicodramático acontecendo simultaneamente na cidade.*

São desafiadoras as palavras da filósofa. Como traçar um paralelo entre o significado da tragédia para *o grego* do século V (a.C.) e o que significou e ainda pode significar a nossa ação coletiva realizada no dia 21 de março de 2001 para o *paulistano* do século XXI (d.C.) que encontramos nas praças, escolas, bibliotecas, regionais e em outros espaços públicos?

Distância no tempo... distância no espaço... cenários sociopolítico-econômico-históricos tão diferentes! Estamos diante do caos da megalópole, diante de um homem fragmentado, estressado, marcado pelas contingências da sociedade urbana complexa... Considerando a *paidéia* (a formação do homem grego, da qual a sociedade como um todo se encarrega), não podemos deixar de sorrir, reduzidos à nossa insignificância, perante as contradições e os estilhaçamentos a que nós homens da contemporaneidade estamos submetidos, ao tentarmos dar conta da provocação da filósofa. E, no entanto, a utopia moreniana nos leva a encará-la. Como profissionais das mais diferentes procedências, atuando nos mais diversos setores (escola, clínica, empresa, comunidade), de alguma forma vamos respondendo a ela, fazendo micropolítica ao nos voltarmos para a processualidade das relações em nosso cotidiano.

Caminhamos na direção de "resgatar a origem da nossa loucura, nosso desejo de justiça e nossa aspiração à liberdade"? Como tentativa, sim. É nesse sentido que entendemos o sonho de Moreno de um trabalho terapêutico (transformador) que alcance a humanidade inteira. Claro que numa escala de abrangência circunscrita às pessoas concretas, aos grupos e às organizações que encontramos e com quem lidamos em *locus* determinados. Toda caminhada começa com um passo.

Mas o que dizer do(s) significado(s) do "Psicodrama Público: Cidadania e Ética" do dia 21 de março de 2001, realizado na cidade de São Paulo, para o cidadão, para o Psicodrama de modo geral, para cada um de nós, profissionais-psicodramatistas-cidadãos? Reunir setecentos psicodramatistas da cidade, de outras cidades, e até de outros países, abrangendo 180 lugares diferentes... Marco histórico sem dúvida. O Psicodrama, não mais onda marginal, nem apenas movimento que se institui na Febrap e Federadas, porém mobilizador de profissionais psicodramatistas organizados e apoiados pelos órgãos nos quais se agregam, que se disponibilizam a uma ação de cidadania, respondendo com um estar a serviço da população, atendendo ao apelo de um poder político central instituído (embora de esfera municipal), fazendo-se de ponte entre governo e povo. E, ainda assim, não um ato partidário, mas político!

Não demos apenas um passo, mas uma passada coletiva... às questões já enumeradas só poderemos responder juntos e tomando distância. Aguardemos, então. Está em questão não só refletir para compreender a cidade, a origem da nossa loucura, do nosso desejo de justiça e nossa aspiração à liberdade como cidadãos, mas também refletir sobre quem somos e para onde vamos, como cidadãos diferenciados vistos pelo governante como possibilitadores de implementar esse caminho para a *pólis*. Nós estamos em questão.

Dispusemo-nos a uma parceria com um novo modo de governar que busca aliança com o povo e potencializa sua força, na construção de uma feliz*cidade*. A utopia está posta. A esta meta dissemos sim! Retornemos ao nosso relato, explorando o que está em jogo nos bastidores, clareando as entrelinhas, do que conosco aconteceu.

Da escolha do local

A solicitação de dirigir numa escola foi em razão não só de termos uma bagagem maior de trabalhos sociopsicodramáticos realizados neste *locus*, mas também porque entendemos que trabalhar a questão norteadora *O que você pode fazer para ter uma feliz*cidade? trazia as implicações de um ato de educação social.

A Escola, como agência reprodutora e produtora das relações sociais, é local aglutinador das forças de uma comunidade. Quando nos foi escalada uma escola diferenciada como o Cemes, vimos a oportunidade de trabalhar com uma população que busca no resgate de sua escolarização formal movimentar-se socialmente.

O relato traz a informação de que "a Escola estava vestida de festa" no dia do Ato. É revelador do quanto o trabalho foi aguardado, valorizado, mobilizando os órgãos do sistema e os recursos da própria comunidade intra e extra-escolar, nas providências tomadas por iniciativa própria e as solicitadas por nós. Cabe ainda uma explicitação de seu papel mobilizador, diante da decisão tomada junto (Direção do Psicodrama e coordenadora) quanto ao lugar da realização do Ato. No mesmo quadrilátero, alocam-se dois outros equipamentos municipais: um pólo de trabalho da terceira idade e uma gráfica. Na semana anterior, percorremos juntas os espaços, avaliando o melhor local, o que implicou contatos com os responsáveis pelos dois outros equipamentos, uma aproximação entre forças. Decidido que faríamos o trabalho no pátio do estacionamento do Cemes, contamos então com a presença, além da população da escola, de alunos, professores, representantes do NAE, muitos freqüentadores do trabalho da terceira idade e trabalhadores da gráfica. Oitenta pessoas! A oportunidade de trabalhar junto é posta, então, desde a preparação para o dia 21. Fomos informados de que o pessoal da terceira idade não disponibiliza facilmente o seu salão (excelente por sinal), pelo temor de se verem desalojados. Mas a coordenadora conseguiu arrancar a promessa de que, se chovesse, faríamos o trabalho lá! Contribuímos então para a interlocução entre instâncias institucionais no contexto social.

Do caminho percorrido – explicitação

Com a perspectiva de trabalhar em lugar fechado, embora a céu aberto e próximo à rua, desde o início pensamos na possibilidade de eleger o método sociodramático, justificando a dimensão do trabalho "público", em que o que se investiga são ideologias coletivas, tratando de conflitos intergrupais. Mesmo trabalhando com a referência explícita acerca dos valores, o que no discurso moreniano caracterizaria um axiodrama, vemos essa modalidade temática como uma variação do método sociodramático. O foco está nos *socii*, em sua trama de relações e nos sentidos que atribuímos a nossa experiência, sempre permeado de valores. Chegar a uma cena escolhida sociometricamente possibilitaria um aprofundamento na investigação e um abrir espaço para a transformação: subjetivar o discurso impessoal, caminhando na direção de um encontrar-se com a experiência própria e do outro. Vamos retomar os nossos passos.

Aquecimento da equipe – o motivo de estarmos aqui

Como já dissemos, preparar o espaço com as pessoas da comunidade marca o lugar da importância do trabalhar junto. Embora com papéis diferenciados – como responsáveis pelo trabalho –, investimos como equipe num agir horizontalizado. *O poder tratado como âmbito de responsabilidade e não como comando hierárquico.*

Proceder com uma exposição dialogada na explicitação do que viemos fazer, após nossa apresentação, respondia primeiramente a uma necessidade do coletivo, tanto que vinha da platéia a tentativa de "aprender a falar" psicodrama. No mesmo momento, recebíamos a informação de um dos egos-auxiliares, que por sua vez ouvira o comentário de um participante, acerca de um programa de rádio, em que ouvintes perguntavam sobre o que é psicodrama. Começar pela frase disparadora *O que você pode fazer para ter uma feliz*cidade aproximava o horizonte do trabalho solicitado pela prefeita: resgatar nossa força, nossa potência como cidadãos, vivendo uma vida com mais valor. Não isoladamente, mas em conjunto, ponte para se ver como homem em relação: pressuposto fundamental do Psicodrama. Resgatamos a etimologia da palavra para chegar ao "refletir sobre nossas experiências internas significativas"... "na rede de companheiros em relação"... no que constitui a sociedade para Moreno. "Modo de trabalho terapêutico-educacional que cultiva a transformação em nosso aprender a viver..., pela ação dramática...".

Foi um momento significativo em que nos reconhecíamos na construção do contexto grupal, passo importante tanto num trabalho processual quanto num único ato, como foi nossa condição. Desencadear a construção de um referencial comum fala da relevância de *retomar e explicitar o contrato*. A busca da afinação do coletivo num objetivo compartilhado. Caminho da co-criação.

Aquecimento do grupo – sintonizando corações

"[...] a alma nos atravessa por inteiro...", foi o modo de falar que encontramos para superar a dicotomia corporeidade/mundo de experiência. Era o fio da meada para *favorecer a grupalização*, resgatando a presença da arte popular, fazendo-nos obra de arte. Dançar ao som de tambores, praticando a brincadeira "seguir o mestre", em que este não era só a equipe que desencadeava um movimento, mas também as pessoas da platéia traziam o subtexto do poder compartilhado, da experiência de poder propor (liderar), do poder-potência. Primeiro timidamente, depois com segurança, a ousadia foi instalando-se na platéia. Assim que alguém começava um movimento, ao ocupar um lugar mais visível, a direção verbalizava para o coletivo e juntos o realizávamos. Revitalização de todos.

Chega o momento de cantarmos juntos. A música, criteriosamente escolhida, "Coração civil" de Milton Nascimento, foi o modo que encontramos para aproximar a todos do horizonte da proposta, mobilizando espontaneidade-criatividade. "Se o poeta é o que sonha o que vai ser real...", façamo-nos poetas, apropriando-nos de nossos desejos-sonhos.

Nas frases assertivas, vão surgindo: preocupações, necessidades, desejos, sonhos.

O que não queremos: violência (fala do desejo de vida), buracos (fala da necessidade de zelo e conservação), preconceitos (fala da preocupação com cada pessoa).

O que queremos: solidariedade, humanidade, amor e paz, cuidar das crianças que estão na rua (cuidado com o futuro), dignidade, crença em Deus, segurança, limpeza e higiene, oportunidade de trabalho, educação, saúde, lazer, compromisso, coerência do político, cuidado com a juventude e com o perigo das drogas (Vida).

Escrever as frases no *flip-shart* conforme eram ditas, retornar a cada uma delas refletindo com o grupo acerca do valor fundamental para onde apontava – situando-nos então no campo da ética –, contava da importância de *levar em conta a palavra do outro*. Uma aprendizagem sobre a consideração do que nos move como valores e o valor "respeito pela voz que vem do povo", mobilizador de um posicionamento democrático. Foi outro momento de grande participação. Conseguíramos envolvimento e disponibilização para trazer e ouvir o outro.

Formar grupos mobilizados pelas frases escolhidas, contar histórias vividas (cenas) evocadas por estas, tudo ocorreu num clima de compartilhamento, embora precisássemos lidar com certa frustração na fusão das filas que originaram os seis grupos iniciais. A fala da Direção, ou seja, as frases pouco escolhidas retornariam de outro modo, foi providencial, tranqüilizando os mais entusiastas. Oportunidade de aprender a lidar com a perda... com o *ceder agora e retomar depois*... Serenidade que o sociopsicodramatista aprende a cultivar, em face do fenômeno da protagonização e da trama, não visível de imediato, que nos enreda a todos no co-inconsciente. Uma disposição emocional que nos mantém na espontaneidade-criatividade.

No recorte sociométrico, pudemos reconhecer que os grupos estavam bem matizados, quanto à idade, ao sexo, à condição ali. Havia uma concentração maior de pessoas da terceira idade no grupo "Crença em Deus" (10 pessoas). Nos demais, até onde pudemos observar, havia uma grande mistura. Outros temas mobilizadores: Menos preconceito (7), Cuidado com as crianças (7), Lazer (8), Dignidade para o cidadão (14), Cuidado com a juventude e com o perigo das drogas (15). Por iniciativa própria, o grupo das crianças se funde com o da juventude, passando a ser o maior (22 pessoas). A equipe registrou fragmentos das histórias contadas e, como já dito, o tema do perigo das drogas estava permeando diferentes grupos. De algum modo caminhávamos para o que se tornou a história trabalhada.

Os grupos foram ágeis no retorno ao "grupão". Tinham sido informados de que a próxima etapa de trabalho envolveria a ação dramática... A preocupação com o tempo desencadeou a atitude de não seguirmos os passos clássicos: solicitar a cada grupo a escolha de uma das histórias a fim de narrar, enviando um representante à frente. Solicitamos três pessoas, pedindo aos grupos que incentivassem algum de seus membros a se apresentar. Foi uma ousadia que neste trabalho deu certo. Uma aposta no fenômeno apontado por Moreno como co-inconsciente, já mencionado.

As pessoas que se apresentaram trazendo os temas Lazer, Drogas, Preconceito receberam toda a atenção da platéia em seu relato. Comoveram. Na primeira escolha por palmas, houve uma indefinição. Na escolha, por intermédio do levantar a mão, percebeu-se mais critério, e a história do testemunho de Conceição, acerca do assassinato do jovem pelo envolvimento com drogas, ganhou com larga vantagem. Enredaria as outras histórias, contadas na intimidade do pequeno grupo, ou relatadas no "grupão"?

Ação dramática – na magia do "como se", um refletir da *pólis*, sobre si

A história apresentada antes num *flash*: jovens que se envolvem com drogas, tiros à noite gerando medo, a descoberta do rapaz caído no chão, assassinado, ganha outra dimensão ao ser recontada com mais detalhes. O jovem é estudante da escola próxima. Como outros, terminadas as aulas, não tem para onde ir, pode igualmente ser filho de uma conhecida, o terreno baldio é um problema. Não se trata do testemunho distante, que cai na indiferença de tantas outras tragédias veiculadas pela mídia. É o testemunho de Consuelo. Acontece na soleira de sua porta, numa rua tranqüila. Trazer a história para o contexto dramático vai possibilitar um reviver a experiência, tornamo-nos todos testemunhas envolvidos com a situação. Caminho de subjetivação.

A protagonista dá a direção para a montagem do cenário: vemos surgir o terreno baldio no fim da avenida... a rua tranqüila, onde se situa a casa de Consuelo, a casa que abriga a família, o ponto onde há vigilância e, mais distante, o espaço do mandante do crime.

Vamos trazendo as personagens: inicialmente os egos-auxiliares são escalados para fazer o papel de adolescentes, mantêm-se a postos, pegam bonés para se diferenciar. Surge a família de Consuelo: as duas filhas e o marido. A platéia está pronta para responder e assumir os papéis. Cadeiras são trazidas, e a família está dentro de casa. Construímos a cena do terreno baldio. Mais pessoas da platéia entram como personagens: colegas, o traficante, o vigia, o mandante. Edna que contara a história da discriminação, isto é, não poder trabalhar, é a traficante. Também coloca um boné. O clima alegre dos adolescentes encontrando-se, conversando, vai ficando tenso: o medo da polícia, a cobrança do traficante... a ordem do assassinato, a impotência do rapaz que não pode pagar e tenta negociar com o traficante. A perseguição, a correria, o tiro fatal, o cambalear e, finalmente, a morte. Há silêncio absoluto na platéia. Solicitar os sentimentos presentes em forma de palavras faz da platéia testemunha comprometida. Evidencia o cuidado em *manter o aquecimento dos participantes*.

Continuamos o trabalho, retrocedendo no tempo, para que Consuelo possa retornar ao seio da família na noite fatídica. Entrevistamos cada membro da família, e a platéia está com eles, no medo, na insônia, no susto ao abrir a porta pela manhã. A linha de investigação que se segue, colocando o foco no adolescente morto que ganha vida e voz, marca o não-afastamento de que o contrato é de um sociodrama e não de um psicodrama clássico. Somos todos testemunhas, como Consuelo. Sua impotência é nossa impotência diante da tragédia. Sua experiência é a passagem para a investigação da dimensão coletiva. A "casa" onde sua família está e para onde retorna permanece no cenário, mas não é o centro do palco. No centro, jaz o jovem morto-anônimo. A questão é coletiva. Vamos caminhar visando mergulhar no mundo de experiências do adolescente. Aquecidas pelo ego-auxiliar que se fez de morto, a platéia entra, por intermédio de Leonardo (aluno do Cemes), na pele da vítima que vai ganhando uma história de vida. Falar com os pais (casal da terceira idade), com os professores, é tocante. Os duplos solicitados ao ego-auxiliar que fizera o papel também são enriquecedores.

O foco é deslocado para a professora. Neste momento Leonardo se despede, precisava ir trabalhar, voltar ao contexto social... o drama agora é dos vivos, marcados por ele. A fala da professora pontua a dor de não poder e não saber ajudar, perante a miséria econômica, social e emocional que leva às drogas. Falam o amigo, a adolescente traficante (matar ou morrer), e o pedido é um só: diálogo. Espaço para que se dê a entrada das pessoas que marcam as outras forças sociais além da Família e da Escola: Comunidade religiosa, Associação de moradores, Amigos, Órgãos de saúde. Consideramos fundamental pontuar que por meio das várias pessoas que entraram em cena falando sobre cada um desses lugares há um apelo para que trabalhem juntas, saiam de suas "casas-refúgio". A Escola é sempre solicitada para que se envolva nos projetos da comunidade... Não pode ser uma ilha se quiser cumprir sua função sociopolítica – é instância articuladora das relações sociais.

Espontaneamente, vemos Consuelo, que nos trouxe a história disparadora, fazer um movimento de resgate de sua potência: com base no universo de discurso que lhe é significativo – o religioso – "sai de casa" trazendo a referência da auto-estima e do Deus em cada um (idéia tão cara a Moreno), mesmo que ainda fale mais para si mesma, faz um gesto concreto de aproximação em relação ao outro.

Quando a ego-auxiliar Alaíde pede para entrar em cena, como adulto, amiga da mãe, no diálogo com Edna (traficante) que pedira alguém para conversar, dá-se um momento especial: ela se apresenta como quem se disponibiliza a *ouvir* verdadeiramente a adolescente, sai do clichê de dar conselhos... posição assumida principalmente pelas pessoas que deram voz às diferentes comunidades religiosas que se apresentaram: católica, evangélica, kardecista... Tivemos um momento catártico da adolescente que pôde expressar o que afasta o adulto: as críticas e cobranças e do que o jovem precisa: "amor e atenção".

A importância do trabalho realizado em equipe, egos-auxiliares e direção, mostra-se com clareza aí. Como direção, percebia um incômodo presente em mim e em parte da platéia, por estarmos diante de "pregações" – o anunciar de princípios de ordem moral – religiosas. Esta constatação nos faz apontar para outra agência social – os órgãos de saúde – ainda não presentificada no contexto dramático, com a esperança de que desse lugar viesse uma voz, jogando o papel complementar, com disponibilidade para *ouvir* a adolescente. Traria outra possibilidade para o relacionar-se, que não o tão-só professar crenças. A ego-auxiliar em sintonia capta o que está no ar e entra em cena. Vemos ocorrer o fenômeno da tele – o dar-se a perceber e o perceber o outro em situação, possibilitando o encontro – entre a adolescente e a ego-auxiliar, no aproximar-se desta, colocando a acolhida, a empatia, à frente do discurso. Todos constataram que esse gesto simples possibilitou à adolescente o trazer-se intensamente. Foi "ouvida". Dá-se a tele também entre direção e ego-auxiliar, explicitando a importância do trabalho em unidade funcional. A tele aparece, como espontaneidade-criatividade, vivida na relação com o outro.

Conseguimos *respeitar a cultura presente*, como campo de significações em que pessoas se movem e daí resgatam sua potência, e ao mesmo tempo, *na ação dramática*, trazer outra possibilidade de relação que aviva o campo da sensibilidade, sem o que a atitude ética como percepção, reflexão e tomada de medida que envolve valores – *no momento* – se desfaz.

Vamos caminhando para o desfecho da ação dramática e a pontuação da direção, quanto às forças da comunidade presentes no cenário, prepara a entrada da personagem da prefeita, realizada pela ego-auxiliar Márcia. Encontramos todos em outro clima de grande proximidade. Ela entra em cena como se viesse da rua, posta-se no lado esquerdo do palco, de onde pode então ser vista por todos. Retomemos o que se solicita:

Ego-auxiliar (personagem do adolescente morto): cuidar dos professores.

Representante da saúde: mais profissionais (psicólogos, assistentes sociais) nas instituições, para cuidar da parte educativa e psicológica da população. Soubemos posteriormente, pelo adulto que fez esse papel, que ele já fora dependente de drogas e conseguira ajuda mediante o programa de um hospital da comunidade.

Ego-auxiliar (personagem do amigo que se quer livrar das drogas), dirigindo-se ao coletivo e não só à prefeita: "Não falem por nós... saibam escutar para saber o que temos a dizer e o que a gente quer!".

Adolescente (personagem da traficante), dirigindo-se às professoras: pede maternagem/paternagem consumado num abraço.

Adulta (personagem da professora) à prefeita: pede investimentos em relação à orientação psicológico-educacional, mais profissionais que atuem na Escola nesse sentido, estabelecendo parcerias com o Conselho Tutelar (força da comunidade que ainda não aparecera).

Adulta (quer falar do lugar da Escola) pede ao secretário da Educação parcerias com entidades que garantam o lazer e o esporte para os educandos.

Adulta (lugar da Associação de Bairro), à prefeita: investimentos para o lazer das crianças nos Centros Comunitários.

Adulto da terceira idade (personagem do pai da vítima), à prefeita: cuidados com a Escola, Saúde e Segurança.

Adulta (cidadã), à prefeita: exercer o mandato com ética e humanidade.

É interessante observar como, baseado nos sonhos iniciais (desejos, necessidades, preocupações), vamos encontrando o denominador comum na questão da garantia da saúde social!

A voz da prefeita que chega pela ego-auxiliar resgata a pessoa humana solidária e a representante do povo "que ousou ser candidata" e conta com a ajuda de todos... Os aplausos que se seguem marcam simbolicamente um objetivo alcançado: aproximação povo–governo.

A mostra do resgate da potência da população é visível no pedido da adolescente (personagem da traficante) para ser a última a falar: ela volta o foco para a importância da Escola e, dirigindo-se a esta e à Família, pede maior comunicação entre elas. O pedido é para a própria comunidade!

Considerando que a adolescente tinha dezesseis anos e sua personagem, dezessete, neste momento em que a sociedade civil discute o rebaixamento da idade para imputação criminal de dezoito para dezesseis anos, o que vivemos juntos traz uma contribuição para que constatemos os efeitos da miséria social e emocional e nos perguntemos sobre onde queremos investir: Repressão ou Educação? Parece significativo não terem sido presentificadas as forças policiais. A polícia compareceu indiretamente mediante o medo expresso pela personagem "vigia do ponto" de transação da droga, que desaparece no decorrer da ação dramática. Os olhos da população e da Direção se voltam para um resgate que se dá no âmbito *da prevenção*. A polícia poderia participar desta perspectiva? Que formação podemos garantir ao policial para que a população o veja como aliado, na garantia de um sentido de justiça que como *pólis* queremos instaurar?

Compartilhar – despedida: A que viemos?

De certa forma o compartilhamento foi ocorrendo na cena final, com a entrada da prefeita. Formaram-se duas rodas: central com os que estiveram no contexto dramático, exterior com a platéia, para cantarmos juntos as palavras do poeta: "Eu fico com a pureza da resposta das crianças: É a vida..., a alegria de ser um eterno aprendiz...". Sublinhava a última voz, a da menina-jovem, lugar simbólico entre um devir "bandido-traficante"... ou "ético-cidadão"... para todos nós. As palavras finais da platéia, compartilhando o sentido do trabalho, o modo como estávamos saindo, falam do resgate da esperança.

Por que não rezar o Pai-Nosso, oração tão universal, como foi pedido por uma pessoa da platéia? Confesso que foi um momento difícil. Seria preciso checar se era uma voz protagônica. Perguntar se todos queriam? Achei constrangedor, uma vez que constatáramos a presença de diferentes culturas religiosas. O sinal que vinha de muitos era de espanto! De outros, o endosso. Ocorreu-me a via de resgatar das palavras ditas a mais evocada: VIDA. Invocar VIDA marcava o resgate do espaço comum da condição humana que se abre ao sagrado, numa oração espontânea.

Os abraços de despedida que toda a equipe recebeu, as falas acerca de como o trabalho tinha tocado, o reconhecimento de que "sua história" estava lá e a constatação da importância de "ouvir o jovem" mostram a relevância do encontro, para a população que nele se reconheceu e sobre si pôde refletir, e para nós que saímos fortalecidos no nosso papel de educadores sociais psicodramatistas.

Pudemos experienciar, com a força da simultaneidade do Ato ocorrendo em toda a cidade, a abordagem teórico-metodológica de Jacob Levy Moreno, tendo como base o teatro espontâneo, retornando ao seu lugar de origem – os locais públicos, a serviço da população. A busca da transformação do homem e de suas relações, por meio da reflexão compreensiva, que o sociopsicodramatizar possibilita. Somado ao que já fazemos em nosso cotidiano como profissionais da Escola, Clínica, Empresa, Comunidade, fortalecemos os laços de aliança com a vida, começando conosco mesmos, com os sujeitos que nós queremos, cidadãos compromissados eticamente com a *pólis*. A frase de um dos participantes, escrita no *flip-shart*: "Compromisso de todos e de cada um", demonstra uma nova abordagem para lidar com a questão *O que você pode fazer para ter uma feliz*cidade?. Esta passa a ser: *O que eu posso fazer junto com você para ter uma feliz*cidade?...

Caminhamos na direção de "resgatar para cada um e para todos a origem de nossa loucura, nosso desejo de justiça e nossa aspiração à liberdade". Chegar tão perto do poder político instituído é desafiador. Resta saber como nos fazemos reconhecer pela *mídia*, que nos tratou com ironia. A nós, ou à prefeita que ousa ser diferente?

É hora de mostrarmos a que viemos... Nós, psicodramatistas, estamos em questão.

III. Ética, cidadania e educação – uma aproximação ao tema

> *Cidadania é dever de povo.*
> *Só é cidadão*
> *Quem conquista o seu lugar*
> *Na perseverante luta*
> *Do sonho de uma nação.*
> *É também obrigação:*
> *a de ajudar a construir*
> *a claridade na consciência*
> *de quem merece o poder.*
> *Força gloriosa que faz*
> *Um homem ser para outro homem*
> *Caminho do mesmo chão,*
> *Luz solidária e canção.*

Thiago de Mello

*O que você pode fazer para ter uma feliz*cidade?, a frase-tema que ao final do nosso passo anterior formulamos como *O que eu posso fazer junto com você para ter uma feliz*cidade?, aponta para a articulação entre cidadania e ética na expressão cunhada por Betinho: *"felicidadania"*.

Terezinha Rios (filósofa da educação) com quem a comunidade psicodramática se encontrou no Tuca – PUC-SP, na etapa preparatória para o Psicodrama Público: Cidadania e Ética, desenvolve essa articulação em sua recente obra *Compreender e ensinar* (2001: 112):

> [...] cidadania com a participação eficiente e criativa no contexto social, o exercício concreto de direitos (e deveres, lembramos...) e a possibilidade de experiência da felicidade... entendida como concretização da vida, como realização – sempre buscada – do ser humano, algo que não·se experimenta apenas individualmente, mas que ganha seu sentido mais pleno na coletividade.

A autora caminha no sentido de situar a necessária perspectiva histórica na abordagem dos conceitos trabalhados. Busca despojar o conceito de felicidade de um enquadramento tanto romântico, "hollywoodiano", quanto "mercadológico". Este último, tão comum na nossa sociedade científico-tecnológica globalizada, que trata o cidadão como consumidor e reduz sua participação sociopolítica, ao espaço formal do exercício do voto. Explora a idéia de que cidadania e felicidade requerem para sua efetividade, não apenas uma democracia representativa como a que configura nosso contexto político, mas também *uma democracia participativa*. Resgatando democracia e cidadania como *processos*, ambas implicam consciência de pertença a uma comunidade e de responsabilidade partilhada tendo em vista a vida em comum, respeito portanto ao princípio ético da solidariedade.

Felicidadania passa então a ser o novo nome para *bem comum* – horizonte da ética e da política –, sentido para uma vida feliz, que só se pode dar de modo compartilhado – trabalho de todos para se viver plenamente o direito de acesso ao que produzimos coletivamente, participando na construção de novos bens e direitos. *Felicidadania* – como um novo *ethos* de toda e qualquer intervenção psicossocial, fim último dos Projetos Educacionais na Comunidade, nas Organizações de diferentes naturezas e de modo especial nas Organizações Educativas como a Escola: agência socializadora voltada para a formação das novas gerações, reprodutora e recriadora de saberes e *relações* sociais.

Educação é processo social que se dá nas relações, com base no qual a sociedade perdura no tempo como uma cultura e se faz histórica. Como projeto intencional – baseado no qual nos fazemos *socii* (companheiros), membros de uma sociedade heterogênea em movimento que requer aprendizagens contínuas acerca de nossos papéis, apropriando-nos da produção cultural – educação se faz sempre à luz de um *ethos* – morada do homem – lugar onde se constrói e expressa a *humanidade do homem*, nossa condição humana, vista sob determinado prisma.

Marilena Chauí (1998: 1) nos esclarece que

> embora *ta ethé* (do grego) e *mores* (do latim) signifiquem o mesmo, isto é, costumes e modos de agir, no singular, *ethos* é o caráter ou temperamento individual que deve ser educado para os valores da sociedade, e *ta éthiké* é uma parte da filosofia que se dedica às coisas referentes ao caráter e à conduta dos indivíduos e por isso se volta para a análise dos próprios valores propostos por uma sociedade e para a compreensão das condutas humanas individuais e coletivas, indagando sobre seu sentido, sua origem, seus fundamentos e suas finalidades.

Assim, *ta ethé* e *mores* nos remetem para o que está estabelecido na cultura, como obra humana, instância das conservas culturais, no dizer de Moreno, apontando para os padrões de comportamento, normas e princípios que balizam o agir e circunscrevem os nossos papéis sociais – o campo da moral.

Já, *ta éthiké*, a ética, remete-nos à atitude reflexiva acerca dos valores em que nos movemos e à compreensão de nossas condutas, explicitando seu horizonte de significações.

Ethos, no singular como nos informa a filósofa, abre o campo da valoração, ao apontar para o caráter ou temperamento a ser educado e em que nos educamos. *Ethos* de um indivíduo ou de um povo nos remete, então, à visão de homem e de mundo que está sempre presente, explícita ou implicitamente como um horizonte, em nossos *modos de ser*, na vida cotidiana, na produção dos pensadores e na nossa práxis profissional que se dá à luz de como compreendemos e experienciamos a *morada do homem*.

Heidegger, pensador da existência (*ek-sistencia*) e do ser (verbo), traduz *ethos* como "morada" em sua obra *Sobre o humanismo* (1973: 369) e mais radicalmente ainda o traduz como "atitude" na obra *Heráclito* (1998: 225). Atitude, como revelação de uma visão de homem e de mundo, explicita-se em suas palavras: "[...] o porte em todos os comportamentos desse porto em que se detém o homem em meio aos entes". Lembramos do pensador aqui, por sua negativa em construir uma ética como um sistema pronto, mas voltar-se para os riscos que causou ao Ocidente, a cisão entre *ethos* (atitude) e *epistheme* (ciência). De forma contundente afirma: "As tragédias de Sófocles ocultam – permita-se-me uma tal comparação – em seu dizer, o *ethos*, de modo mais originário que as preleções de Aristóteles sobre a Ética". (*Sobre o humanismo*, 1973: 368.) O mesmo vai dizer dos pré-socráticos, de modo especial Heráclito.

Seus intérpretes reconhecem, no entanto, sobretudo na obra *Ser e tempo* (1988-9), a proposta de um ética da finitude humana, em que como *ser-no-mundo-com*, o homem é abertura ao Ser, se importa com seu ser.

E nós, socionomistas, dispomos de uma Ética?

Moreno não é filósofo profissional, como "médico-psiquiatra-educador" deixa-nos o legado do *ethos* da espontaneidade-criatividade e do homem em relação. Cultivo de atitudes que nos remetem ao estarmos sempre abertos ao que acontece conosco e com o outro em situação: aqui e agora, no momento, buscando explicitar o horizonte-mundo em que nos movemos.

Reconhecemos no Projeto moreniano um apelo de *re*-união entre *epistheme* (ciência) e *ethos* (atitude), na vizinhança da arte, o cultivo do cosmos em devir. Ouçamos suas palavras:

Marx via a situação do homem apenas como membro da sociedade, e considerava a luta dentro dessa sociedade como seu destino último. Freud via a posição do homem como a de um viajante entre o nascimento e a morte. O resto do universo não entrava em consideração. A tarefa de nosso século é reencontrar uma posição para o homem no universo.

O homem é um ser cósmico; é mais do que um ser psicológico, biológico, natural. Pela limitação da responsabilidade do homem aos domínios psicológicos, sociais ou biológicos da vida, faz-se dele um banido.

Ou ele é também responsável por todo o universo, por todas as formas de ser e por todos os valores, ou sua responsabilidade não significa absolutamente nada... o cosmos em devir é a primeira e última existência e o valor supremo... (1974: 21-2)

Gera-se então uma abordagem em educação que nos convida a nos relacionar com o legado cultural, as conservas culturais, na sociedade e em cada um de nós *socii* – como condutas estereotipadas –, reabrindo seu sentido, numa construção-*re*-construção, em que nos fazemos homens, co-responsáveis pelo vir a ser. Abertura compromissada ao mundo, em sintonia com o nosso tempo, construindo nosso tempo na *pólis*, responsáveis uns pelos outros.

O horizonte em que nos movemos na realização de nosso encontro sociodramático tentou ser coerente com esse *ethos* e, apesar de ainda não termos suficiente distância crítica, fomos pontuando no item anterior (processamento) algumas atitudes em que se desdobram.

Para finalizar, deixamos uma fala significativa de Paulo Freire. Moreno assinaria embaixo, e nós sociopsicodramatistas podemos realizar: "A educação será mais plena quanto mais esteja sendo um ato de conhecimento, um ato político, um compromisso ético e uma experiência estética".

Referências bibliográficas

CHAUÍ, Marilena. Ética e violência. In: *Colóquio interlocuções com Marilena Chauí*. Londrina, 1998, mimeo; apud Terezinha Rios, 2001, p. 101.

HEIDEGGER, Martin. *Ser e tempo*. Partes I e II. Petrópolis, Vozes, 1988/1989.

_____. *Sobre o humanismo* – Carta a Jean Beaufret, Paris. Col. Os Pensadores. Vol. XLV. São Paulo, Abril Cultural, 1973.

_____. *Heráclito*. Rio de Janeiro, Relume Dumará, 1998.

LOPARIC, Zeljho. *Ética e finitude*. São Paulo, Educ, 1995.

MARINO, Marília. "Acontecimento educativo psicodramático". Tese de Mestrado, apresentada ao Programa de Educação da PUC- SP, 1992.

MORENO, Jacob Levy. *Quem sobreviverá? Fundamentos da sociometria, psicoterapia de grupo e sociodrama*. Vols. I, II e III. Goiânia, Dimensão, 1992–1994.

_____. *Psicoterapia de grupo e psicodrama*. São Paulo, Mestre Jou, 1974.

_____. *As palavras do pai*. Campinas: São Paulo, Editorial PSY, 1992.

RIOS, Terezinha Azerêdo. *Ética e competência*. 1ª ed. São Paulo, Cortez, 2001.

_____. *Compreender e ensinar – Por uma docência da melhor qualidade*. São Paulo, Cortez, 2001.

VÁZQUES, Adolfo, S. *Ética*. 9ª ed. São Paulo, Civilização Brasileira, s/d.

Declaração Universal dos Direitos Humanos

A Assembléia Geral das Nações Unidas proclama a presente Declaração Universal dos Direitos Humanos como o ideal comum a ser atingido por todos os povos e todas as nações, com o objetivo de que cada indivíduo e cada órgão da sociedade, tendo sempre em mente esta Declaração, se esforce, através do ensino e da educação, por promover o respeito a esses direitos e liberdades, e, pela adoção de medidas progressivas de caráter nacional e internacional, por assegurar o seu reconhecimento e a sua observância universais e efetivos, tanto entre os povos dos próprios Estados-Membros quanto entre os povos dos territórios sob sua jurisdição.

Artigo I

Todas as pessoas nascem livres e iguais em dignidade e direitos. São dotadas de razão e consciência e devem agir em relação umas às outras com espírito de fraternidade.

Artigo II

Toda pessoa tem capacidade para gozar os direitos e as liberdades estabelecidas nesta Declaração, sem distinção de qualquer espécie, seja de raça, cor, sexo, língua, religião, opinião política ou de outra natureza, origem nacional ou social, riqueza, nascimento, ou qualquer outra condição.

Não será tampouco feita qualquer distinção fundada na condição política, jurídica ou internacional do país ou território a que pertença uma pessoa, quer se trate de um território independente, sob tutela, sem governo próprio, quer sujeito a qualquer outra limitação de soberania.

Artigo III

Toda pessoa tem direito à vida, à liberdade e à segurança pessoal.

Artigo IV

Ninguém será mantido em escravidão ou servidão; a escravidão e o tráfico de escravos serão proibidos em todas as suas formas.

Artigo V

Ninguém será submetido a tortura, nem a tratamento ou castigo cruel, desumano ou degradante.

Artigo VI

Toda pessoa tem o direito de ser, em todos os lugares, reconhecida como pessoa perante a lei.

Artigo VII

Todos são iguais perante a lei e têm direito, sem qualquer distinção, a igual proteção da lei. Todos têm direito a igual proteção contra qualquer discriminação que viole a presente Declaração e contra qualquer incitamento a tal discriminação.

Artigo VIII

Toda pessoa tem direito a receber dos tribunais nacionais competentes remédio efetivo para os atos que violem os direitos fundamentais que lhe sejam reconhecidos pela constituição ou pela lei.

Artigo IX

Ninguém será arbitrariamente preso, detido ou exilado.

Artigo X

Toda pessoa tem direito, em plena igualdade, a uma audiência justa e pública por parte de um tribunal independente e imparcial, para decidir de seus direitos e deveres ou do fundamento de qualquer acusação criminal contra ele.

Artigo XI

1. Toda pessoa acusada de um ato delituoso tem o direito de ser presumida inocente até que a sua culpabilidade tenha sido provada de acordo com a lei, em julgamento público no qual lhe tenham sido asseguradas todas as garantias necessárias à sua defesa.

2. Ninguém poderá ser culpado por qualquer ação ou omissão que, no momento, não constituíam delito perante o direito nacional ou internacional. Tampouco será imposta pena mais forte do que aquela que, no momento da prática, era aplicável ao ato delituoso.

Artigo XII

Ninguém será sujeito a interferências na sua vida privada, na sua família, no seu lar ou na sua correspondência, nem a ataques à sua honra e reputação. Toda pessoa tem direito à proteção da lei contra tais interferências ou ataques.

Artigo XIII

1. Toda pessoa tem direito à liberdade de locomoção e residência dentro das fronteiras de cada Estado.

2. Toda pessoa tem o direito de deixar qualquer país, inclusive o próprio, e a este regressar.

Artigo XIV

1. Toda pessoa, vítima de perseguição, tem o direito de procurar e de gozar asilo em outros países.

2. Este direito não pode ser invocado em caso de perseguição legitimamente motivada por crimes de direito comum ou por atos contrários aos propósitos e princípios das Nações Unidas.

Artigo XV

1. Toda pessoa tem direito a uma nacionalidade.

2. Ninguém será arbitrariamente privado de sua nacionalidade, nem do direito de mudar de nacionalidade.

Artigo XVI

Os homens e mulheres de maior idade, sem qualquer restrição de raça, nacionalidade ou religião, têm o direito de contrair matrimônio e fundar uma família. Gozam de iguais direitos em relação ao casamento, sua duração e sua dissolução.

1. O casamento não será válido senão com o livre e pleno consentimento dos nubentes.

2. A família é o núcleo natural e fundamental da sociedade e tem direito à proteção da sociedade e do Estado.

Artigo XVII

1. Toda pessoa tem direito à propriedade, só ou em sociedade com outros.

2. Ninguém será arbitrariamente privado de sua propriedade.

Artigo XVIII

Toda pessoa tem direito à liberdade de pensamento, consciência e religião; este direito inclui a liberdade de mudar de religião ou crença e a liberdade de manifestar essa religião ou crença, pelo ensino, pela prática, pelo culto e pela observância, isolada ou coletivamente, em público ou em particular.

Artigo XIX

Toda pessoa tem direito à liberdade de opinião e expressão; este direito inclui a liberdade de, sem interferência, ter opiniões e de procurar, receber e transmitir informações e idéias por quaisquer meios e independentemente de fronteiras.

Artigo XX

1. Toda pessoa tem direito à liberdade de reunião e associação pacíficas.

2. Ninguém pode ser obrigado a fazer parte de uma associação.

Artigo XXI

1. Toda pessoa tem o direito de tomar parte no governo de seu país, diretamente ou por intermédio de representantes livremente escolhidos.

2. Toda pessoa tem igual direito de acesso ao serviço público do seu país.

3. A vontade do povo será a base da autoridade do governo; esta vontade será expressa em eleições periódicas e legítimas, por sufrágio universal, por voto secreto ou processo equivalente que assegure a liberdade de voto.

Artigo XXII

Toda pessoa, como membro da sociedade, tem direito à segurança social e à realização, pelo esforço nacional, pela cooperação internacional de acordo com a organização e recursos de cada Estado, dos direitos econômicos, sociais e culturais indispensáveis à sua dignidade e ao livre desenvolvimento da sua personalidade.

Artigo XXIII

1. Toda pessoa tem direito ao trabalho, à livre escolha de emprego, a condições justas e favoráveis de trabalho e à proteção contra o desemprego.

2. Toda pessoa, sem qualquer distinção, tem direito a igual remuneração por igual trabalho.

3. Toda pessoa que trabalha tem direito a uma remuneração justa e satisfatória, que lhe assegure, assim como à sua família, uma existência compatível com a dignidade humana, e a que se acrescentarão, se necessário, outros meios de proteção social.

4. Toda pessoa tem direito a organizar sindicatos e a neles ingressar para a proteção de seus interesses.

Artigo XXIV

1. Toda pessoa tem direito a repouso e lazer, inclusive a limitação razoável das horas de trabalho e a férias periódicas remuneradas.

Artigo XXV

1. Toda pessoa tem direito a um padrão de vida capaz de assegurar a si e a sua família saúde e bem-estar, inclusive alimentação, vestuário, habitação, cuidados médicos e os serviços sociais indispensáveis, e direito à segurança em caso de desemprego, doença, invalidez, viuvez, velhice ou outros casos de perda dos meios de subsistência em circunstâncias fora de seu controle.

2. A maternidade e a infância têm direito a cuidados e assistência especiais. Todas as crianças, nascidas dentro ou fora de matrimônio, gozarão da mesma proteção social.

Artigo XXVI

1. Toda pessoa tem direito à instrução. A instrução será gratuita, pelo menos nos graus elementares e fundamentais. A instrução elementar será obrigatória. A instrução técnico-profissional será acessível a todos, bem como a instrução superior, esta baseada no mérito.

2. A instrução será orientada no sentido do pleno desenvolvimento da personalidade humana e do fortalecimento do respeito pelos direitos humanos e pelas liberdades fundamentais. A instrução promoverá a compreensão, a tolerância e a amizade entre todas as nações e os grupos raciais ou religiosos, e coadjuvará as atividades das Nações Unidas em prol da manutenção da paz.

3. Os pais têm prioridade de direito na escolha do gênero de instrução que será ministrada a seus filhos.

Artigo XXVII

1. Toda pessoa tem o direito de participar livremente da vida cultural da comunidade, de fruir as artes e de participar do processo científico e de seus benefícios.

2. Toda pessoa tem direito à proteção dos interesses morais e materiais decorrentes de qualquer produção científica, literária ou artística da qual seja autor.

Artigo XXVIII

Toda pessoa tem direito a uma ordem social e internacional em que os direitos e liberdades estabelecidos na presente Declaração possam ser plenamente realizados.

Artigo XXIX

1. Toda pessoa tem deveres para com a comunidade, em que o livre e pleno desenvolvimento de sua personalidade é possível.

2. No exercício de seus direitos e liberdades, toda pessoa estará sujeita apenas às limitações determinadas por lei, exclusivamente com o fim de assegurar o devido reconhecimento e respeito dos direitos e liberdades de outrem e de satisfazer às justas exigências da moral, da ordem pública e do bem-estar de uma sociedade democrática.

3. Esses direitos e liberdades não podem, em hipótese alguma, ser exercidos contrariamente aos propósitos e princípios das Nações Unidas.

Artigo XXX

Nenhuma disposição da presente Declaração pode ser interpretada como o reconhecimento a qualquer Estado, grupo ou pessoa, do direito de exercer qualquer atividade ou praticar qualquer ato destinado à destruição de quaisquer dos direitos e liberdades aqui estabelecidos.

Assembléia Geral das Nações Unidas – ONU
Genebra, 10 de dezembro de 1948

Sobre os Autores

ANIBAL MEZHER
Professor-supervisor pela Federação Brasileira de Psicodrama. Membro da coordenação e professor de teoria do curso de Formação em Psicodrama, pelo convênio da Sociedade de Psicodrama de São Paulo e Pontifícia Universidade Católica de São Paulo. Doutor em Psiquiatria pela Faculdade de Medicina da Universidade de São Paulo.

ANTONIO CARLOS CESARINO
Doutor em Psiquiatria pela Universidade de Heidelberg (Alemanha); foi membro do Conselho Regional de Medicina (1978–1988), presidente da Sociedade de Psicodrama de São Paulo e professor universitário (PUC, USP, Unesp e Santa Casa de São Paulo).

CAMILA SALLES GONÇALVES
Psicóloga, psicodramatista, pela SOPSP-Febrap, fundadora do grupo de teatro experimental Vagas Estrelas, autora de *Psicodrama com crianças* e co-autora de *Lições de psicodrama*, ambos da Ágora, 1988; e do livro *História e desilusão na psicanálise de Jean-Paul Sartre* (Nova Alexandria, 1994). Professora do curso de Formação em Psicodrama, do convênio SOPSP-PUC, supervisora convidada no Instituto Moreno. Psicanalista do Departamento de Psicanálise do Instituto Sedes Sapientiae. Doutora em filosofia, pela USP.

DÉBORA DINIZ

Antropóloga, doutora em Antropologia pela Universidade de Brasília, diretora da organização não-governamental Anis: Instituto de Bioética, Direitos Humanos e Gênero.

MARÍLIA J. MARINO

Pedagoga, mestre em Educação. Doutoranda em Psicologia. Docente da Faculdade de Educação da PUC-SP. Membro da Coordenação do curso de Formação em Psicodrama do Convênio SOPSP/PUC-SP. Professora supervisora da área socioeducacional da Febrap.

VALÉRIA CRISTINA DE ALBUQUERQUE BRITO

Psicóloga, mestre em Psicologia Clínica. Psicodramatista, professora-supervisora credenciada pela Febrap. Psicoterapeuta, professora da Universidade Católica de Brasília.

WILSON CASTELLO DE ALMEIDA

Médico pela Faculdade de Medicina da Universidade Federal de Minas Gerais, mestre em Psiquiatria pela Faculdade de Medicina da Universidade de São Paulo, formação em Psicodrama pela Sociedade de Psicodrama de São Paulo (SOPSP/Febrap), e em Psicanálise pelo Instituto de Psicologia da Universidade de São Paulo. Autor de vários livros, entre os quais, *Psicoterapia aberta*, pela Editora Ágora.

LEIA TAMBÉM

A REALIDADE SUPLEMENTAR E A ARTE DE CURAR
Zerka T. Moreno, Leif Dag Blomkvist, Thomas Rutzel

Obra que tem a importância de um documento histórico, esse será certamente um lançamento festejado por psicodramatistas. Zerka Moreno e Leif Dag Blomkvist dialogam sobre os principais conceitos do psicodrama, entre eles a realidade suplementar, um dos mais significativos legados de Moreno. O livro também traça paralelos com outras expressões culturais que exerceram influências sobre o psicodrama, desde os antigos rituais religiosos até a arte surrealista. REF. 20786.

REFÚGIO
Uma história incomum sobre mulheres e meio ambiente
Terry Tempest Williams

Poetisa e naturalista, a autora narra, com grande beleza, fatos aparentemente distintos que acontecem numa mesma região dos Estados Unidos – a destruição de um enorme refúgio de pássaros, em função de uma enchente, e o surgimento do câncer nas mulheres de sua família, provavelmente como efeito da radiação liberada em testes nucleares feitos na região. Um livro forte e marcante, um alerta ao modo descuidado com que lidamos com a Terra e com nossas vidas. REF. 20502.

DIVIDIR PARA SOMAR
Como organizar um grupo de ajuda
para alguém seriamente doente
Cappy Capossela e Sheila Warnock

É a história de um grupo de 12 pessoas que se formou em torno de uma mulher em estado avançado de câncer e que não tinha família para ajudá-la nos cuidados cotidianos com a casa e os filhos. A experiência, que funcionou durante 3 anos e meio em Nova York, sob orientação da psicóloga Sukie Miller, foi sistematizada e descrita por duas publicitárias que participaram ativamente do grupo. Indicado para qualquer pessoa que quer e precisa ajudar alguém muito doente e necessita de orientação. REF. 20643.

NO MUNDO COM ALMA
Repensando a vida moderna
Robert Sardello

Nos últimos cem anos, a psicologia tem buscado curar a alma das pessoas. Agora, segundo o autor, psicoterapeuta e pensador, é hora de cuidarmos da alma do mundo. Ele analisa vários aspectos da vida moderna: arquitetura, dinheiro, cidades, medicina, tecnologia mostrando novas maneiras de usufruir disso tudo. REF. 20513.

GESTOS DE BONDADE
Uma coletânea ao acaso
Os editores da Conari Press

São pequenas narrativas cuja essência é fazer algo gentil para uma pessoa qualquer, sem outro objetivo senão o de tornar nossa qualidade de vida melhor. Grande sucesso de venda nos Estados Unidos, o livro acabou gerando um movimento que atinge escolas e comunidades. Tocante e bonito, é uma boa sugestão para presentear e para adoção em escolas ou campanhas de conscientização. REF. 20506.

HISTÓRIAS QUE CURAM
Conversas sábias ao pé do fogão
Rachel Naomi Remen

Este livro esteve entre os dez mais vendidos nos Estados Unidos. São histórias sobre pessoas, contadas em tom intimista, como as antigas conversas nas mesas de cozinha, ao pé do fogão. Segundo Bernie Siegel, autor de *Paz, amor e cura,* (Summus) "é um lindo livro sobre a vida, nossa única verdadeira mestra". Rachel N. Remen é médica e terapeuta, especializada em psico-oncologia e tem outro livro publicado pela Summus, *O paciente como ser humano.* REF. 20536.

O TAO DA EDUCAÇÃO
A filosofia oriental na escola ocidental
Luzia MaraSilva Lima

A autora, professora universitária e campeã mundial de kung fu, escreve sobre sua trajetória profissional na área da educação tendo a arte marcial como um de seus principais instrumentos. O objetivo é ajudar o aluno a ter acesso à sua consciência, e se desenvolver como um ser humano integral. Indicado para qualquer profissional que trabalhe com jovens e crianças. REF. 20719.

- - - - - - - - dobre aqui - - - - - - - - - - -

ISR 40-2146/83
UP AC CENTRAL
DR/São Paulo

CARTA RESPOSTA
NÃO É NECESSÁRIO SELAR

O selo será pago por

SUMMUS EDITORIAL

05999-999 São Paulo-SP

- - - - - - - - - dobre aqui - - - - - - - - - - -

ÁGORA

CADASTRO PARA MALA-DIRETA

Recorte ou reproduza esta ficha de cadastro, envie completamente preenchida por correio ou fax, e receba informações atualizadas sobre nossos livros.

Nome:_____ Empresa:_____

Endereço: ☐ Res. ☐ Coml. _____ Bairro:_____

CEP: _____-_____ Cidade: _____ Estado: _____ Tel.: ( ) _____

Fax: ( ) _____ E-mail: _____ Data de nascimento: _____

Profissão:_____ Professor? ☐ Sim ☐ Não Disciplina: _____

1. Você compra livros:

☐ Livrarias   ☐ Feiras
☐ Telefone   ☐ Correios
☐ Internet   ☐ Outros. Especificar:_____

2. Onde você comprou este livro?

_____

3. Você busca informações para adquirir livros:

☐ Jornais   ☐ Amigos
☐ Revistas   ☐ Internet
☐ Professores   ☐ Outros. Especificar:_____

4. Áreas de interesse:

☐ Psicologia   ☐ Comportamento
☐ Crescimento Interior   ☐ Saúde
☐ Astrologia   ☐ Vivências, Depoimentos

5. Nestas áreas, alguma sugestão para novos títulos?

_____
_____

6. Gostaria de receber o catálogo da editora? ☐ Sim ☐ Não

7. Gostaria de receber o Ágora Notícias? ☐ Sim ☐ Não

cole aqui

Indique um amigo que gostaria de receber a nossa mala-direta

Nome:_____ Empresa:_____

Endereço: ☐ Res. ☐ Coml. _____ Bairro:_____

CEP: _____-_____ Cidade: _____ Estado: _____ Tel.: ( ) _____

Fax: ( ) _____ E-mail: _____ Data de nascimento: _____

Profissão:_____ Professor? ☐ Sim ☐ Não Disciplina: _____

Editora Ágora
Rua Itapicuru, 613 Conj. 72 05006-000 São Paulo - SP Brasil Tel (11) 3872 3322 Fax (11) 3872 7476
Internet: http://www.editoraagora.com.br e-mail: agora@editoraagora.com.br